情,
사람을
노래하다

국립중앙도서관 출판예정도서목록(CIP)

情, 사람을 노래하다 : 한시 감상 / 한국고전번역원 엮음 ;
권경열, 김성애, 변구일, 양기정, 이정원, 장미경, 하승현
집필. -- 서울 : 한국고전번역원, 2016
p. ; cm

감수: 정동화
교육부로부터 인문학 진흥을 위한 저서출판지원을 받아 출간하였음
ISBN 978-89-284-0415-5 03810 : ₩10000

한시[漢詩]

811.9-KDC6
895.711-DDC23 CIP2016019333

한시 감상

情정, 사람을 노래하다

한국고전번역원 엮음

한국고전번역원

한시漢詩와의 새로운 만남을 꿈꾸며

'우헐장제초색다雨歇長堤草色多', '우헐장제초색다', '송군남포동비가送君南浦動悲歌', '송군남포동비가'. 고교 시절 한문 수업 시간에 정지상鄭知常의 「송인送人」 시를 배웠다. 선생님은 구절 하나마다 열 번씩 따라 읽으라고 하셨다. 그때는 한시가 뭔지도 몰랐지만 따라 읽다 보니 입에서 구르는 소리와 시의 의미가 어우러져 아름답다는 느낌이 들었다.

한시는 보통 5자나 7자가 1구句를 이루는데 이렇게 4구로 이루어진 시를 절구絶句라고 하고 8구로 이루어진 시를 율시律詩라고 한다. 고시古詩, 배율排律, 가행歌行, 악부樂府 등 온갖 형식의 한시들이 있지만 당대唐代 이후 대부분의 한시는 절구와 율시로 지어졌다. 적게는 20자, 많아도 56자에 불과하지만 한시를 짓는 일은 그리 쉽지 않다. 당대唐代의 시인 가도賈島라는 사람은 '승고월하문僧敲月下門'이란 시구를 지을 때 달빛 아래 문을 민다고推 해야 할지 두드린다고敲 해야 할지 수없이 고민했다는 이야기도 있다.

선인들이 한시를 짓는 이유는 다양했다. 벗이나 친지와 만나거나 헤어질 때, 길을 떠나 마주하는 풍광에 느낌이 일 때, 사회의 모순을 목격하거나 회고懷古의 감정을 품을 때, 생활 속에 겪게 되는 소소한 경험과 깨달음을 남기고 싶을 때, 기쁨과 슬픔, 외로움과 아픔 등 온갖 감정이 일어나는데 그 감정을 풀 방법이 없을 때 선인들은 한시를 지었다. 심지어는 관료를 선발하는 과거 시험에서도 시부詩賦를 짓는 능력을 보았는데 이는 시부를 잘 짓는 자가 백성도 잘 다스릴 수 있다고 여겨서였다. 한시를 짓는 능력을 문인의 기본 교양으로 여긴 것이다.

하루가 다르게 변해 가는 세상에서 선인들이 남겨 놓은 한시가 현대인에게 무슨 의미로 다가올 수 있을까? 오늘날 인터넷의 발달을 시작으로 스마트폰, SNS, 인공지능, 로봇, 가상현실 등의 첨단 기술이 지난 수십 년 동안 우리들이 살아 온 모습을 크게 바꾸어 놓았다. 핵가족화를 넘어 1인 가구가 폭발적으로 늘어나고 있고 일상의 많은 일들이 사람을 마주하지 않고도 처리할 수 있게 바뀌고 있다. 여기에 더해 치열한 생존 경쟁을 강요하는 자본주의 체제는 변화의 속도를 높이면서 사람들에게 변화에 적응하라고 강요하고 있다. 조용히 성찰할 여유가 주어지지 않으니 현기증과 불안감은 더욱 커져만 간다. 이러한 시대에 한시에 담긴 선인들의 시선을 통해 현대 사회를 살아 가는 우리의 모습을 바라보는 일은 의미가 있다고 할 수 있다. 세상이 바뀌어도 변하지 않을 인간의 본성은 무엇인지, 시간이 흐르면서 우리가 잃어버린 것은 무엇인지 되돌아볼 수 있기 때문이다. 사실 생각해 보면 선인들은 바로 우리의 할아버지의 할아버지, 그 할아버지의 할아버지가 아닌가?

이 책은 '한시 감상'이라는 제목으로 한국고전번역원 홈페이지와 고전 메일링 서비스를 통해 2011년부터 2015년까지 선보였던 글들을 엮은 것이다. 한국고전번역원 연구원들이 선인들의 문집을 중심으로 한시를 선별하여 해설하고 오늘을 살아 가는 생활인으로서 느낀 점을 더해 우리 자신을 돌아보는 계기를 마련하고자 쓴 글들이다.

'한시 감상'은 「景경, 자연을 노래하다」와 「情정, 사람을 노래하다」 두 권으로 나누어 엮었는데, 이 책 「情정, 사람을 노래하다」에는 사람들과의 다양한 관계 속에서 빚어지는 시인의 감정과 생각을 엿볼 수 있는 시들이 수록되어 있다. 가족, 벗, 스승, 연인을 만나거나 헤어지면서 느끼는 즐거움과 허전함이나 소중한 사람을 먼저 떠나보낸 슬픔과 고통을 노래한 시들도 있고, 인

정세태의 무상함이나 세상살이의 험난함을 노래한 시들도 있다. 또 존재와 진리에 대한 사색, 이욕을 경계하는 마음, 독서를 통한 성찰을 노래한 시들도 있고, 개인을 넘어 사회와 국가를 염려하는 마음을 노래한 시들도 있다.

송나라 때 엄우嚴羽는 시재詩才가 따로 있다고 주장하였는데, 나는 이를 넋의 울림이라고 말하고 싶다. 가슴이 꽉 메어 올 때, 눈에 뜨거운 것이 핑 괼 때, 낯이 화끈 달아오르도록 부끄러울 때 넋이 움직여 시가 된다. 시는 넋을 통해 발현되고 넋은 시를 통해 위로받는다. 이 책이 독자들의 넋을 울릴 수 있다면 이보다 더한 기쁨은 없을 것이다.

2016년 여름, 한국고전번역원에서
필진을 대표하여 변구일 씀

차례

책머리에 4

제1장 만남

담박함을 즐기다 12
세상인심을 노래하다 16
어머니 뵈러 가는 벗을 보내며 20
가을밤 당신을 그리며 24
그대 그리워
빗소리도 차마 못 듣겠네 28
낡은 물건은 나의 벗이 되어 32
이제야 부모의 심정을 알겠네 36
타향에서 가족을 그리워하며 40
부부가 함께하는 중양절 술자리 44
달밤에 찾아온 벗 48
주인의 목숨을 구한 개 52
쉽지 않은 세상살이 56

제2장 이별離別

스승의 빈자리 62
먹고 사는 일이 내겐
정말이지 골칫거리 66
먼저 떠난 아이를 그리워하며 70
은거하러 떠나는 친구를 보내며 74
술잔 들어 봄을 보내며 78
생의 마지막 봄을 맞으며 82
님을 보내며 86
혼자 웃는 이유 90
꿈에서나마 너의 모습을 94
아이의 죽음을 슬퍼하며 100
떠나간 아내를 그리며 104
쉴 때는 쉬어야 108
소, 반복되는 슬픔 112

제3장 수신修身 

비루하게 살지 않기를 118
시어머니 가르침 따라 122
초심을 지킨다면 126
존재에 대하여 130
만족하는 마음으로 인생을 관조하며 134
기러기를 놓아주며 138
밤에 앉아 시인은 상념에 잠기고 142
깊은 밤 등불 아래 책을 읽자니 146
상황에 맞게 대처해야 152
생일을 자축하며 156
구태여 설산雪山에서
고행할 것 뭐 있겠나 160
마음을 쉬는 것이 약보다 낫네 164
물고기 뛰어오르고
솔개는 날아오르고 168
물에 비친 달 172
섣달 그믐날 밤 느낌이 일어 176

제4장 위정爲政 

황금 상자 속의 거울 182
역사의 현장에서 186
둥지 잃은 참새 190
칼 짚고 성에 올라 194
남은 이의 슬픔 198
그대 먹는 그 얼음
누가 캔 것인가 202
인재의 등용 206
벼슬하는 자
백성 위에 있지 않네 210
서양놈들의 난동 214
안중근 의사의
거사 소식을 듣고 218
꽃이 핀들 봄이런가 224

도판 자료 제공처 228
저자 소개 230

또다시 찾아올 귀한 손님 계시니 重來有好客

아직은 사립문을 닫지 말고 있어야지 且莫掩柴扉

제 1 장

만남

담박함을 즐기다

정약용

담박함을 즐길 뿐 아무 일도 없지만	淡泊爲歡一事無
타향에서 산다 해도 외로운 것만은 아니네	異鄕生理未全孤
손님 오면 꽃그늘에서 시집을 함께 읽고	客來花下擕詩卷
스님 떠난 침상 가에서 떨어진 염주를 발견하네	僧去牀間落念珠
장다리 밭에 해 높이 뜨면 벌들이 잉잉거리고	菜莢日高蜂正沸
보리 까끄라기에 미풍 불면 꿩들이 꺼겅대지	麥芒風煖雉相呼
우연히 다리 위에서 이웃 사는 영감 만나	偶然橋上逢隣叟
배 하나 띄워 놓고 취토록 마시자 약속했네	約共扁舟倒百壺

정약용丁若鏞, 1762~1836, 「담박淡泊」, 『다산시문집茶山詩文集』

타향살이 하면 떠오르는 말이 외로움이다. 낯선 타향에서 특별한 일 없이 지내다 보면 고향에 대한 그리움, 처지에 대한 쓸쓸한 감정이 밀려오기 쉽다. 하지만 그리움은 새로 만난 인연을 통해 정겨움으로 바뀔 수 있고, 쓸쓸함은 마음먹기에 따라 담박함으로 바뀔 수 있다.

다산은 꽃그늘 아래서 손님을 맞아 함께 시집을 읽으며 그리움과 쓸쓸함을 잊는다. 승려가 찾아왔다 남기고 간 염주를 주워들며 그가 떠난 자리에 남은 담박한 마음을 챙긴다.

벌들이 잉잉거리는 장다리 밭이며, 꿩들이 꺼겅대는 보리밭이며 모두 고향에서 익히 보았던 풍경이다. 이런저런 번잡한 생각이 다 날아가고 평화로운 마음 상태가 된다. 타향살이라 해도 낯설지만은 않다고 느끼게 해 주는 고마운 벗들이다.

어디 그뿐일까? 오며가며 만나는 이웃 영감은 언제라도 만나서 술 한잔 할 수 있는 친구다. 작은 배에 앉아 무슨 이야기를 나누었을지는 알 수 없지만 몇 동이 술을 함께 비울 만큼 허물없는 사이임에는 틀림없다.

고향이 주는 편안한 느낌은 내가 관계 맺고 있는 대상들과의 조화에서 온다고 볼 수 있다. 타향에 산다 해도 새로 만난 사람들과 좋은 감정을 나누고, 생활 속에서 담박한 마음을 유지할 수 있다면 그곳이 어디든 내 고향처럼 느껴질 것이다.

일터도 그렇다. 내가 부족한 부분을 누군가 채워 주고, 누군가 부족한 부분을 내가 채워 주면서 서로를 인정하고 일을 성취해 간다면, 일터 또한 고향처럼 될 수 있을 것이다. 향기로운 차를 마시다 한잔 타 주고 싶은 사람, 어깨가 아플 때 망설임 없이 찾아가 주물러 달라고 할 수 있는 사람, 아무 얘기나 생각나는 대로 해도 듣고 바로 잊어 주는 사람이 있다면 직장 생활하면서 만나는 어려운 고비들을 함께 넘길 수 있을 것이다.

마음을 한없이 담박하게 먹는다면 어디든 내 고향과 같을 것이고, 누구든 고향 친구와 같을 것이다.

하승현

세상인심을 노래하다

김안국

골짜기에 은거한 지 스무 해가 되니	丘壑藏身二十年
온갖 병들 찾아들고 머리는 온통 희었네	百痾纏繞雪渾顚
참새 그물 친 문밖에 편지가 다 오다니	雀羅門外書能到
아직도 날 버리지 않은 친한 이가 있었구나	尙有情親不棄捐

김안국金安國, 1478~1543, 「충주 목사 김익수가 술과 안주를 보내 준 것에 사례하다謝忠州金牧使益壽餽酒肴」, 『모재집慕齋集』

조선 중종조中宗朝의 도학자인 김안국의 시이다. 김안국은 문과에 급제하여 예조 판서 등을 지냈다. 향교를 통해 『소학小學』을 권장하고, 각종 언해諺解와 의서醫書 등을 간행하여 보급하였다.

山靜似太古日長
如少年

1519년중종14 겨울에 조선에서는 조광조趙光祖를 필두로 한 신진 사류士類들이 남곤南袞 등의 훈구파에 의해 화를 입은 기묘사화己卯士禍가 일어났다. 유교적 이상을 실현하기를 원했던 신진 사류와 그들의 급진적인 주장에 위기감을 느낀 훈구파 사이의 갈등이 심화되어 나타난 참혹한 결과이다.

김안국은 조광조와 함께 김굉필金宏弼 문하에서 공부했던 동문이었다. 이 당시 전라도 관찰사로 있었는데, 사화에 연루되어 파직을 당했다. 그 후 1537년에 조정에 복귀하기까지 약 20년 동안 경기도 이천과 여주의 별장에서 은거하였다.

세상의 인심은 이해득실에 따라 손바닥을 뒤집는 것처럼 변하게 마련이다. 어떤 사람이 부와 권력을 가지고 있으면 사람들이 몰려들고 그 사람의 부와 권력이 다하면 또 언제 그랬냐는 듯이 그의 곁을 떠나간다. 더구나 김안국은 당시 실권자들에게 미움을 받아 밀려났으니, 그 정도가 더 심했을 것이다. 그런 상황에서 지인인 김익수金益壽가 술과 안주를 보내 주었다. 환갑이 다 된 노년의 시인에게 그 무엇보다도 감동스러운 일이었을 것이다.

'편지가 다 오다書能到'라고 한 표현의 '능能' 자에서 시인을 찾아오거나 물품을 보내 주는 것이 얼마나 대단한 일인지를 느낄 수 있다. 자칫 위험해질 수 있기 때문에 모두들 접근을 꺼리는 상황인데도 불구하고 편지와 술, 안주를 보내준 성의에 감동한 마음을 가장 잘 표현해 주는 핵심적인 시어이다.

참새를 잡는 그물을 친다는 표현은 사람의 왕래가 뜸해진 것을 형용한 말로, 한漢나라 적공翟公의 고사이다. 적공이 정위廷尉로 있다가 파면을 당하자, 대문 앞에 참새를 잡는 그물을 쳐도 될 정도로 한산하였는데, 다시 정위로 복귀하자 사람들이 예전처럼 몰려왔다. 그것을 본 적공이 다음의 글귀를 대문 밖에다가 크게 써 붙였다고 한다.

"한번 죽고 한번 살아남에 사귀는 정을 알 수 있고, 한번 가난하고 한번 부유함에서 사귀는 태도를 알 수 있고, 한번 귀해지고 한번 천해지는 것에서 사귀는 정이 드러난다"

공자 또한 이런 말을 남겼다.

"날씨가 추워진 뒤에야 소나무, 잣나무가 다른 나무보다 늦게 시든다는 것을 알 수 있다."

일반적인 상황에서는 사람의 진면목을 제대로 알기 어렵다. 어려운 상황이 닥친 뒤에야 그 사람의 진실한 내면을 제대로 알 수 있다. 부귀를 좇아 옮겨 다니는 사람들의 인심은 예나 지금이나 다를 것이 없다는 사실이 씁쓸하다.

권경열

어머니 뵈러 가는 벗을 보내며

이집

여러 해 떠돌이 생활만으로도 서글픈데	流離數歲足憂傷
설상가상 잇따라 부모상까지 당했다오	況復連年見二喪
너무나 부러운 건 그대 이제 형제들과	堪羨君今兄弟具
춘풍에 색동옷 입고 어머니 뵙는 거라네	春風綵服覲高堂

이집李集, 1327~1387, 「어머니 뵈러 우계에 가는 생원 이우를 전송하다送李生員愚覲母羽溪」, 『둔촌잡영遁村雜詠』

고려 말 공민왕恭愍王 때 뛰어난 문장으로 이름을 떨쳤던 둔촌遁村 이집의 작품이다. 둔촌은 1368년 42세 때 신돈辛旽을 논핵한 일로 화를 당하게 되자 부친과 함께 경상도 영천永川으로 피신

하여 최원도崔元道의 집에 얹혀 살았는데 이 시기에 잇따라 모친상과 부친상을 당하였다. 이후 둔촌은 1371년 신돈이 축출된 뒤에야 돌아와 복직할 수 있었다. 그러나 곧 벼슬을 버리고 고향으로 돌아가 시를 지으며 여생을 마쳤다. 이 시는 신돈을 피해 도망다니던 때에 지은 작품으로 보인다.

시의 첫 구에서는 화를 피해 떠도는 생활의 서글픔을 서술하였고, 둘째 구에서는 잇따라 부모님의 상을 당하였다는 말로 자신의 불행한 처지를 읊었다. 객지 생활에 친상을 연달아 치르게 된 둔촌으로서는 어머니를 문안하러 고향으로 떠나는 생원 이우가 한없이 부러웠을 것이다. 더구나 이우는 형제들도 모두 무고하여 이제 돌아가면 형제들과 함께 노모를 뵙고 마음껏 효도를 할 수 있는 상황이다. 그러나 둔촌 자신은 효도하고자 하여도 이젠 더 이상 부모님이 살아 계시지 않는 상황이므로 풍수지탄風樹之嘆을 금할 수 없는 처참한 심정인 것이다. 자신의 불행한 처지와 이우의 상황이 전후로 대비되면서 시인의 마음을 잘 나타내고 있다.

마지막 구의 춘풍春風이나 채복綵服은 효도를 주제로 하는 시에 자주 언급되는 단어이다. 춘풍은 부모의 큰 은혜를 만물을 소생시키는 봄날에 비기어 은유적으로 표현한 것이다. 채복은 중국 춘추전국시대 효자였던 노래자老萊子가 나이 70이 넘어서도 어머니를 기쁘게 해 드리려고 색동옷을 입고 병아리를 갖고 놀며 일부러 넘어지기도 하는 등 어린아이처럼 굴었다는 일화에서 유래된 것으로, 나이 들어 어버이에게 효도하는 것을 의미하는 말이다.

영원히 만날 수 없는 대상에 대한 그리움은 언제나 가슴을 저민다. 그중 돌아가신 부모에 대한 그리움은 죽을 때까지 품고 살아야 하므로 '종신지통終身之痛'이라고 불렀다. 어머니를 뵈러 가는 이우를 부러워하며 전송하는 둔촌의 가슴에도 그런 아픈 그리움이 쌓여 있었을 것이다. 우리는 소중한 존재가 옆에 있을 때는 그 고마움을 느끼지 못한다. 마치 날마다 숨쉬는 공기에 대한 고마움을 느끼지 못하는 것처럼. 그러다 그 존재를 잃은 뒤에야 비로소 그 존재의 무게를 깨닫는다. 부모는 바로 내 실존의 근원이 되기에 평생 그 의미를 되새겨 볼 수밖에 없는 존재이다.

한 살씩 나이를 먹어 가며 좋은 점 중의 하나는 나이를 먹어 갈수록 내 안에서 부모님의 모습을 발견하고 부모님에 대하여 더 많이 이해하게 된다는 점이다. 더 많이 알고 이해하면 더 많이 사랑하게 된다. 부모님이 아직 내 곁에 계셔서 정말 다행이다.

김성애

가을밤 당신을 그리며

계화

비단 짜던 손 놓고서 홀로 누대 올랐더니　　織罷氷綃獨上樓
수정 주렴 저 너머엔 계화 핀 가을이네요　　水晶簾外桂花秋
견우낭군 떠난 뒤에 아무런 소식 없어　　牛郎一去無消息
오작교 옆 서성이며 밤마다 그립니다　　烏鵲橋邊夜夜愁

계화桂花, ?~?,「광한루廣寒樓」,『풍요속선風謠續選』

가을은 상념의 계절이런가? 사람들은 가을이 깊어지면 이런 저런 생각과 그리움에 잠기곤 한다. 지난 일을 떠올릴 때면 대체로 감정이 누그러져 미소를 지을 수 있고, 멀리 떠나오면 마음도 멀어져 어쩌다 생각이 나도 무덤덤해지는 것이 일반적이다. 하지

만 많은 시간이 지나 기억은 가물가물해도 더해진 시간의 깊이만큼 사랑과 그리움이 더욱 커지는 경우도 있다.

이 시는 계화라는 여인이 떠난 임을 그리워하며 지은 시라고 알려져 있지만, 계화에 대한 정보는 많이 남아 있지 않다. 신분은 기생으로 알려져 있고, 거주지는 전라도 남원이라고 한다. 이 시에서도 남원의 광한루를 배경으로 자신과 떠난 임을 직녀와 견우에 비유하고 있다. 만남의 장소인 오작교를 밤늦도록 서성이지만 기다리는 임은 오지 않고 밤이 깊어갈수록 그리움만 더해 간다.

역사 속의 여인들, 특히 시인들은 그리움을 가슴에 품고 기다리는 존재로 전해지는 경우가 많다. 백제 가요로 알려진 「정읍사井邑詞」에서부터 그 유래를 찾아볼 수 있다. 「정읍사」는 행상을 나간 남편이 오랫동안 돌아오지 않자 행여 무슨 일이 있지는 않은가 걱정하며 남편을 기다리는 내용이다. 여인들은 원망 없이 떠난 이를 그리워하기만 한다. 다음은 능운凌雲이라는 여인이 지은 시이다.

낭군은 말하셨죠 달 뜨면 오신다고	郎云月出來
달이 떴건만 낭군 아니 오시네요	月出郎不來
생각자니 그대 계신 그곳은	想應君在處
산이 높아 달이 더디 뜨나 봅니다	山高月上遲

달이 뜨면 다시 돌아오겠노라 약속하고 떠난 낭군은 달이 떴지만 다시 돌아오지 않고 있다. 허나 임이 돌아오지 않는다고 믿고 싶지 않다. 그래서 돌아오지 않는 임을 원망하지 않고 그를 대신해 변명을 해 주고 있다. 임 계신 그곳은 달이 늦게 떠서 오는 것도 더딜 것이라는 이치에 닿지 않는 이유를 들어 스스로 위안을 삼으면서 하염없이 기다리고 있다.

기다리는 사람과 기다리는 모습은 예와 지금이 다르지만 여전히 누군가를 원망 없이 기다리고 그리워하는 사람들이 지금도 있을 것이다. 아직까지 그리움이 남아 있을 그녀를 위해 편지 몇 줄을 띄워 본다.

낮에는 일상에 쫓겨 그나마 잠시 잊을 수 있었는데 밤이 깊어 혼자가 되니 생각이 깊어져 감정을 주체하기 어렵네요. 나도 모르게 달빛 비추는 창밖을 내다보니 어느새 가을꽃이 피어 있습니다.
그대는 무심하게도 아무 소식이 없고 언제 다시 오실지 기약도 없습니다. 못 견디게 사무치는 마음에 그대 만났던 그때의 그곳을 서성이지만 오늘밤도 어젯밤처럼 그리움만 쌓입니다.
가을 깊은 오늘밤에 당신, 당신이 그립습니다.

이정원

그대 그리워 빗소리도 차마 못 듣겠네

유희경

가인과 아득히 이별한 뒤로　　一別佳人隔楚雲
나그네의 그리움은 깊어만 가네　　客中心緒轉紛紛
심부름꾼 아니 와서 소식 끊기니　　青鳥不來音信斷
벽오동에 빗소리도 차마 못 듣겠네　　碧梧凉雨不堪聞

유희경劉希慶, 1545~1636,「도중에 계생을 그리며途中憶癸娘」,『촌은집村隱集』

낙엽이 지는 쓸쓸한 가을 분위기에 상송만큼 어울리는 음악도 없을 것이다. 특히 애절한 음색을 지닌 에디뜨 피아프Edith Piaf의 상송은 그녀의 비극적인 삶이 깃들어 있어 듣는 이의 심금을 더욱더 울린다. 그녀는 거리의 가수였던 어머니와 곡예사였던 아

버지 사이에서 태어났다. 그녀는 가난 때문에 영양실조에 걸리고 실명 위기에 처할 정도로 불우한 어린 시절을 보냈다. 유명해진 이후 많은 남성들과 사귀었지만, 진정으로 사랑했던 사람은 세계 챔피언 권투 선수였던 마르셀 세르당Marcel Cerdan뿐이었다. 그녀는 그에게 자신의 모든 사랑을 걸었으며, 그들의 사랑은 신문의 머리기사를 장식할 정도였다. 피아프가 뉴욕에서 공연하는 날, 세르당은 프랑스에서 권투 경기를 했다. 경기를 마치고 피아프를 만나러 가던 세르당은 비행기 추락 사고로 세상을 떠나고 만다. 피아프는 세르당을 잃은 슬픔을 참고 무대에 올라 연인에 대한 그리움과 사랑을 노래로 불렀는데, 그 노래가 바로 「사랑의 찬가Hymne a l'amour」이다.

조선에도 그들처럼 애절한 사랑을 했던 남녀가 있었으니, 바로 계생癸生과 유희경이다. 계생은 매창梅窓이라는 호로 더 잘 알려진, 부안扶安에 살던 기생이다. 유희경은 서울 출신 천민이었으나 시를 잘 짓고 예론禮論에 밝아 사대부들과 교유하는 명사가 되었다. 두 사람이 처음 만날 때의 이야기는 자세하지 않다. 남학명南鶴鳴이 지은 유희경의 행록行錄에 따르면, 유희경은 평소 기생을 가까이하지 않는 것을 철칙으로 삼았는데 계생을 만나면서 자신과의 약속을 지키지 못하게 되었다고 한다. 계생도 『매창집梅窓集』이라는 시집을 남길 만큼 시를 짓는 재주가 뛰어났기에 서로 마음이 잘 맞았던 것이다. 유희경은 계생을 만나 사랑에 빠져 다음과 같은 시를 지어 주었다.

일찍이 남쪽 지방 계생의 명성을 들었으니	曾聞南國癸娘名
시와 노래가 서울까지 유명하였지	詩韻歌詞動洛城
오늘에야 그대의 진면목을 보게 되니	今日相看眞面目
마치 선녀가 천상에서 내려온 듯	却疑神女下三淸

그러나 이들의 사랑은 오래가지 못하였다. 임진왜란이 발발하여 서울로 돌아온 유희경이 의병을 일으켜 전쟁터로 나가면서 소식이 끊긴 것이다. 앞의 「도중에 계생을 그리며」 시는 전쟁 중에 유희경이 계생의 소식을 듣지 못해 안타까워하던 심정을 노래한 작품이다. 한편 서울로 떠난 유희경을 오매불망 그리워하던 계생도 애틋한 마음을 시조로 표현하였다.

이화우梨花雨 흩뿌릴 제 울며 잡고 이별한 님
추풍낙엽秋風落葉에 저도 날 생각는가
천 리千里에 외로운 꿈만 오락가락 하노라

이렇듯 두 사람은 서로를 간절히 그리워하였으나, 계생이 갑작스러운 병으로 요절하는 바람에 다시는 만나지 못한다.

양기정

낡은 물건은 나의 벗이 되어

구치용

십 년 묵은 내 이불에 새로 난 솜을 넣어	添得新綿十載衾
따스해진 온기로 다시 추위 막아 보네	更敎溫煖辟寒侵
긴긴 밤 머리 파묻고 누워 잠들기 좋으니	夜長臥穩蒙頭睡
창 밖에 눈 덮인 숲 뉘라서 알겠는가	牕外誰知雪滿林

구치용具致用, 1590~1666, 「낡은 이불에 솜을 넣다弊衾加絮」, 『우교당유고于郊堂遺稿』

오래되어 낡고 닳은 이불이 있다. 십 년이나 되었다. 누가 한 이불을 십 년이나 덮는단 말인가? 그런데 십 년이나 덮은 이불을 뜯어 새 솜을 더해 넣는단다. 오래된 솜은 뭉쳐서 제대로 보온

天寒白屋

을 하지 못해 이제 새 솜을 넣고 바느질해서 이불을 다시 손질했으니, 눈 덮인 밤 덮고 누우면 엄마 품처럼 포근하여 세상모르고 잠들 것이다.

길 떠날 제 어머니가 촘촘히 꿰매시고　慈母臨行密密縫
추위에 떨까 넣어 주신 솜은 두툼하기도 해라　念寒猶着絮重重
손수 기우신 솔기들 이제는 다 터졌는데　手中新線今皆綻
언제쯤 색동옷 입고 춤추며 기쁘게 해 드릴는지　戲舞何時綵服穠

최연崔演의 「옷이 해지다衣敝」라는 시이다. 어머니가 길 떠나는 아들을 위해 정성스레 옷을 지어 주셨다. 아들이 무슨 일로 길을 떠나는지는 모르지만, 어머니는 이별의 슬픔과 자식에 대한 걱정으로 마음이 무거우셨으리라. 정갈하게 바느질을 하고 객지에서 추위에 떨까 솜까지 겹겹이 넣어 주셨다. 소중한 이 옷을 아들은 조심스레 입어 왔을 터이다. 이 옷이 있어 어머니를 느낄 수 있었던 것이다. 그런데 이제는 솔기들이 다 터질 정도로 해져 버렸다. 얼마나 오랫동안 어머니를 떠나 있었던가? 어머니께 달려가 정겨운 이야기 나누며 기쁘게 해 드리고 싶다.

헌 이불이지만 새 솜을 넣었으니 십 년은 더 덮을 수 있을 것이다. 또 어머니가 정성스레 만들어 주신 옷이니 자식으로서 차마 버릴 수 없다. 아무리 물건이 귀한 시대였다지만 해지고 닳아도 버리지 않았던 것은 어째서일까?

새 물건과 만나는 일은 우리를 설레게 한다. 처음 만나는 사람, 처음 가 보는 장소가 우리를 설레게 하듯이. 어린 시절 누구나 새 물건을 받고 잠 못 이룬 기억이 한 번쯤은 있을 것이다. 그 대상이 가방이든 신발이든 자전거든 우리는 그것을 껴안고 행복해하며 삶을 살아간다. 그리고 시간을 함께한 그 물건은 어느새 내 숨결과 추억을 담고 있는 의미 있는 어떤 것이 된다. 그러고 나면 나의 일부가 되니, 헌것이라 해서 차마 버릴 수가 있겠는가?

변구일

이제야 부모의 심정을 알겠네

이행

마당의 살구는 누렇게 익어 가고　　庭杏欲黃熟
붉은 앵두는 다닥다닥 열렸네　　含桃紅滿枝
이제야 알겠네, 부모의 심정을　　方知父母意
나 역시 내 자식을 걱정하는 걸 보니　　我亦念吾兒

이행李荇, 1478~1534,「경물을 보다가 느낌이 일다覽物有感」,『용재집容齋集』

이행은 조선의 대표적 시인이자, 문신이다. 자는 택지擇之, 호는 용재容齋, 본관은 덕수德水이다. 우의정을 지냈으며, 시호는 문헌文獻이다. 글씨와 그림에도 능하였다.

조선의 사화로는 연산군 때 무오사화戊午史禍와 갑자사화甲子

士禍, 중종 때 기묘사화己卯士禍, 명종 때 을사사화乙巳士禍를 들 수 있다.

연산군 10년 어느 날, 6년 전에 있었던 무오사화의 참혹함을 채 잊기도 전에, 조정에는 또 한 차례 피바람이 불어닥쳤다. 무오사화 이후 폭정과 문란한 생활에 빠져 있던 연산군은 모후母后인 윤씨尹氏가 폐위를 당할 때의 상황을 알게 되자, 그 당시 모후를 지켜 주지 않았던 많은 신하들에게 극형을 내리거나 유배를 보내는 가혹한 보복을 가한다. 이를 갑자사화라고 한다.

용재는 이때 홍문관 응교應教로 있었는데, 연산군이 모후 윤씨를 다시 왕비의 예로 대우하려고 하자, 다른 언관言官들을 설득하여 반대 의견을 내는 일을 주도하였다. 노발대발한 연산군이 최초에 의론을 낸 자를 찾아내 죽이려고 하여 한때 위기에 처했지만 다행히 곤장 60대를 맞고 4월 7일에 충주로 유배 가는 것으로 마무리가 되었다. 이 시는 그때 지은 작품이다.

생사를 예측할 수 없는 급박한 상황이 되면 평소에 대수롭지 않게 여기던 사물들도 각별하게 다가오는 법이다. 가족과 막 이별하고 도착한 유배지에서 주렁주렁 열린 살구와 앵두를 보며 평소와는 또 다른 느낌이 있어 감상에 젖어 들었을 것이다.

그러나 이내 가족과 함께할 수 없는 현실을 자각하면서 더 깊은 시름에 빠지게 되었을 것이다. 특히 어린 자식에 대한 걱정은 더욱더 애절하였을 것이다. 자신이 잘못되면 어린 자식의 앞날 또한 보장하기 어려운 처지였다. 그렇게 자식 걱정으로 애를 태우다 보니, 문득 부모의 마음이 떠올랐다. 자신이 자식의 앞날을 걱정하듯이 부모님도 지금 자신 때문에 애를 태우고 계실 것이 아닌가? 시인은 유배지에서 본 아름다운 풍경들 속에서 많은 말들을 절제한 채 부모의 심정이라는 보편적인 감성을 끌어 내는 것으로 시를 마무리한다.

핵가족 시대가 되다 보니, 가정마다 부모와 아이들뿐이다. 모실 어른은 안 계시고, 위해 줄 아이들만 있다. 걱정이든 기쁨이든, 모든 관심이 아래로만 향한다. 이 시를 통해 내 부모가 나를 생각하는 마음을 한 번쯤 떠올릴 수 있었으면 좋겠다.

권경열

타향에서 가족을 그리워하며

홍세태

백발에 불어오는 만 리 밖의 가을바람	萬里西風吹白頭
오늘 밤 이 가을을 고향에서도 슬퍼하리라	故園今夜亦悲秋
병든 이 몸 중원 땅의 나그네도 싫증이 나	病軀厭作中原客
물결 위의 배보다 고향 생각 더 바빠라	歸思忙於下瀨舟
떨어지는 잎새 벌레 우는 소리 다 구슬프고	木落虫鳴俱悄悄
드높은 하늘 도는 북두성은 더 아득하구나	天高斗轉更悠悠
저 멀리서 가족들은 등불 아래 이야기하며	遙知兒女燈前語
상자 열어 해진 갖옷 다시 쓰다듬고 있겠지	開篋還應檢弊裘

홍세태洪世泰, 1653~1725, 「중원에서 나그네 시름에 젖어中原旅懷」, 『유하집柳下集』

僮僕歡迎稚
子候門三逕
就荒松菊猶
存

서녘 만 리에서 불어오는 바람을 맞는 백발의 시인. 강물이 흐르는 드넓은 공간 속에서 시인은 상념에 잠겨 있다. 서쪽에서 불어오는 이 바람은 집에 있는 가족들에게 먼저 불고서 그 숨결을 안고 나에게 불어오는 것일 터. 가족들도 오늘 밤 나처럼 이 바람을 맞으며 가을을 느끼고 서글퍼할 것이다. 집을 떠나온 지 얼마나 되었을까? 이제는 그만 가족들에게 돌아갈 시간이다. 가족들 생각에 집으로 돌아가고픈 내 마음이 물결 따라 내려가는 배보다 더 바쁘기만 하다. 나뭇잎은 우수수 떨어지고 온갖 풀벌레들 울어 대기에 나그네 시름은 점점 깊어지고, 광활한 하늘에 반짝이는 별들을 바라보며 집 생각은 더욱 아득해진다. 그렇다. 저 멀리 별빛 아래서 가족들은 지금 등불 앞에 앉아 상자 속에 담긴 내 해진 가죽 외투를 꺼내어 어루만지며 나를 걱정하고 있으리라.

홍세태는 숙종 연간에 인생의 대부분을 보내고 영조 초년에 생을 마감한 중인中人 출신의 시인이다. 이 시는 네 수의 연작시 가운데 두 번째 시로, 그가 1718년 66세 때 한강을 따라 유람하다가 중원, 즉 충주忠州에 당도했을 때 지은 것이다. 다음은 그 세 번째 시이다.

중추에도 남은 더위가 아직 기세를 떨치더니	仲秋餘熱尙熏天
청량한 날씨에 오늘 아침은 조금 시원해졌구나	凉意今朝稍灑然
나그네로 견디기 힘든 날들만 말할 뿐	但道客中難遣日
시름 속에 은연중 세월 흐르는 줄은 모른다오	不知愁裏暗銷年

옛 골짝에 머문 구름은 아무 때나 비를 뿌리고 屯雲古峽無常雨
황량한 성 교목에 잎새 진 뒤 매미가 우누나 喬木荒城落後蟬
서녘 바람 따라 서찰 한 통 부치려 할 제 欲向西風傳一札
길 가는 이 다시 배 타고 강물 따라 내려가는구나 行人又發下江船

『유하집』에는 동호東湖에서 배를 띄우고 지은 시, 밤에 여주 목사 조공趙公과 이별하며 남긴 시, 충주의 가흥참可興站에 당도하여 지은 시, 탄금대彈琴臺에 저물 무렵 배를 댄 일을 읊은 시 등이 있어 당시의 여정을 대략이나마 엿볼 수가 있다.

한양에서 남쪽으로 내려와 한강의 나루에서 배를 띄워 물결을 거슬러 올라가다가 광주廣州에 이르면 물길이 둘로 나뉜다. 여기서 남쪽으로 길을 잡으면 남한강으로 접어들게 되는데 물길을 따라 계속 가다 보면 양근楊根, 여주驪州를 지나 충주에 닿는다. 천천히 노를 저어 올라가는 뱃길에서 가을로 접어드는 강기슭의 풍광을 바라보며 그는 무엇을 느꼈을까?

홍세태는 처음에 8남 1녀를 두었지만 불행히도 먼저 다 세상을 떠났다. 늦게서야 또 딸 둘을 낳고 시집까지 보냈지만 둘째 딸마저 먼저 세상을 떠났다. 자식들의 요절을 겪으면서 그는 죽음보다 참혹한 삶을 이어 왔으리라. 이 여행은 어쩌면 얼마 남지 않은 그의 삶에 주는 작은 위안이었을지도 모르겠다.

변구일

부부가 함께하는 중양절 술자리

유희춘

대궐에서 성은을 받은 날이요	紫極承恩日
국화 띄운 술을 마시는 때로다	黃花泛酒時
한집안 가족 대여섯이 한데 모여	一堂親五六
다 같이 태평성대를 즐기는구나	同樂太平期

유희춘柳希春, 1513~1577,「중구일의 단출한 술자리重九小酌」,『미암집眉巖集』

옛날 남북으로 헤어져 있을 때	昔日分南北
어찌 이런 날이 올 줄 알았겠소	那知有此時
맑은 가을, 좋은 명절에 모였으니	淸秋佳節會
천 리 멀리서 약속이나 한 듯하오	千里若相期

송덕봉宋德峯, 1521~1578, 「차운시를 붙이다附次韻」, 『미암집眉巖集』

예전 학자들의 글을 보면, 벗과 동료와 스승 같은 지인이나 부형과 자제 같은 가족과 시를 주고받는 경우는 많아도 부인과 시를 주고받는 경우는 매우 드물다. 더구나 이를 문집에 함께 싣는 일은 더더욱 드물다. 그런데 『미암집』을 보면 부인의 시뿐만 아니라 부인이 남편에게 보낸 꾸짖는 듯한 내용의 편지도 버젓이 실려 있다. 당대의 여장부라 일컬어질 정도로 문장과 행실이 훌륭한 송씨 부인이 아니라면 상상하기 어려운 일이다.

미암 유희춘은 26세에 과거에 급제한 이후 35세1547년 때 양재역 벽서 사건에 휘말려 함경도 종성 땅으로 유배되었다. 이후 20여 년간의 유배 생활 끝에 55세인 1567년에 사면을 받아 풀려났다. 부인은 담양의 명문가 홍주 송씨洪州宋氏 송준宋駿의 둘째 딸이다. 미암이 유배 간 뒤 홀로 시어머니를 봉양하다가 시어머니의 삼년상을 치른 후 천 리 길을 떠나 남편의 유배지까지 홀로 찾아간 일화로 유명하다. 아래는 부인이 보낸 편지 중 일부 내용이다.

당신은 몇 달 동안 혼자 지낸 것을 가지고 편지마다 구구절절 공을 자랑하는데, 예순이 다 된 몸으로 홀로 지내는 것은 당신의 건강을 유지하는 데 크게 이로운 것이지 저에게 갚기 어려운 은혜를 베푼 것이 아닙니다.

저는 옛날 어머님의 상을 당했을 때 사방에 돌봐주는 사람 하나 없고 당신은 만 리 밖에 귀양 가 있어 그저 하늘을 향해 울부짖으며 통곡할 뿐이었습니다. 그러나 지극한 정성으로 장례를 치러서 남들에게 부끄러울 것이 없었고, 사람들도 분묘를 쓰고 제례를 올리는 일을 두고 친자식이라도 이보다 더 잘할 수 없다고들 하였습니다. 삼년상을 마치고 또 먼 길을 나서서 온갖 어려움을 무릅쓰고 당신을 찾아간 일은 누가 모르겠습니까?

이 편지를 쓴 시기에 미암은 서울에서 벼슬하며 홀로 지내고 있었는데, 이때 시종하는 여자를 들이지 않았다고 부인에게 자랑하는 편지를 보냈던 모양이다. 이에 대해 내가 당신에게 해 준 일을 생각하라는 부인의 꾸짖음은 당차면서도 해학적이다. 아울러 부부간의 두터운 신뢰가 느껴져 절로 미소를 짓게 된다. 이런 고난의 세월을 함께한 부부이기에 가족들과 함께 중양절 술잔을 나누며 옛일을 회고하는 감회가 더 깊었으리라.

예전에는 부모와 자식 간의 수직적인 관계가 가족의 중심축을 이루었다면 현대는 부부간의 수평적인 관계가 가정의 중심축을 이루고 있다. 서로가 서로의 인생을 기억해 주며 상대의 밑바닥까지 환히 알고도 포용해 주는 관계인 부부, 인생의 반려자라는 것은 나이를 먹어갈수록 더욱 소중한 존재이다.

김성애

달밤에 찾아온 벗 

권상하

꽃마을 언덕 위로 달 떠오를 때　　嶺月來花社
산골 노인 일어나 옷을 여미네　　山翁起整衣
또다시 찾아올 귀한 손님 계시니　　重來有好客
아직은 사립문을 닫지 말고 있어야지　　且莫掩柴扉

권상하權尙夏, 1641~1721, 「임대중의 시에 차운하다次任大仲韻」, 『한수재집寒水齋集』

이 시를 지은 수암遂庵 권상하는 율곡栗谷 이이李珥, 사계沙溪 김장생金長生, 우암尤庵 송시열宋時烈을 잇는 대표적인 기호학파畿湖學派 성리학자이다. 권상하의 문집에는 산골 마을의 풍경과 벗

들을 그리워하는 심정이 담긴 작품이 많은 편이다. 위의 시 또한 한적한 산촌에서 벗을 만난 심정을 노래한 작품으로, 동문同門 임방任堕의 시에서 차운해 지은 것이다.

시인이 사는 곳은 꽃 피는 산골이다. 여간해선 찾아오는 이 없는 산중이니, 아침저녁으로 사립문을 열고 닫는 것은 그저 하루를 시작하고 정리하는 일상적인 움직임에 지나지 않았을 것이다. 그러나 이날은 달밤에 찾아오기로 한 손님이 있어 옷을 챙겨 입고 사립문을 열어 둔 채 그를 기다린다. 꽃이 핀 산골의 밤 풍경을 혼자 누리기엔 아까웠는데, 좋은 벗이 찾아온다기에 설레는 마음으로 문밖을 내다본다. 친구는 지금 산속 어디쯤을 달빛 아래 걸어오고 있을 것이다.

기다림의 시간이 지나고 난 뒤 친구가 찾아온다. 두 번째 시에서는 친구와 함께 담소를 나누는 장면을 적고 있다.

꽃향기 속에서 이렇게 마주 앉으니	對坐花香裏
밤이슬에 옷이 좀 젖은들 무슨 상관이겠나	何嫌露濕衣
내일 아침 그대를 떠나보내고 나면	明朝分手後
사립문 닫힌 채로 적적할 텐데	寂寂閉山扉

꽃향기가 가득한 산골의 밤을 느끼기에는 방 안보다는 꽃이 핀 마당 한가운데 자리하는 게 좋았을 것이다. 달밤에 바람을 타고 전해지는 꽃향기를 맡으면서 서로의 안부를 묻고, 지나간 이

런저런 일에 대해 이야기하고, 글을 읽다 느낀 점을 주고받기도 했을 것이다. 그러는 사이 밤은 깊어지고 옷은 이슬에 젖어 축축해졌지만, 그것이 오래간만에 만나 대화하는 꽃자리를 파할 만한 이유는 못 된다. 이때 시인은 감흥에 젖어 말로 하기 어려운 마음을 시를 빌어 고백한다. 친구가 오지 않아 사립문도 걸지 않고 기다렸노라고. 이슬에 옷이 젖어도 함께하니 즐겁기만 하다고. 짧은 시간 함께한 후 내일이면 떠난다는 생각을 하니 무척 허전하다고.

꽃이 핀 자리, 달 뜨는 시각을 잡아 마음 맞는 친구와 함께 시를 주고받던 옛 풍경이 멋스럽다. 오랜 친구와 꽃이 핀 자리, 달 뜨는 밤을 약속 장소와 시간으로 잡고 만나 보는 것은 어떨까? 마음만 먹으면 할 수 있는 일도 요즈음 통 하지 못하고 산다. 우린 정말 그 정도로 바쁜가?

하승현

주인의 목숨을 구한 개

홍직필

의로운 개가 목숨을 바친 곳	義狗捐生地
가던 길 멈추고서 비석을 보네	停鞭覽碣文
술 취해 잠든 주인 깨지를 않고	醉眠人不起
바람에 불이 번져 태우려 하자	風猛火將焚
주인의 목숨 구해 온전케 하니	救主由全性
공을 바라고 목숨을 바쳤겠는가	殉身豈要勳
세상에 구차하게 사는 사람들	草間偸活輩
이 무덤을 본다면 부끄럽겠지	寧不愧斯墳

홍직필洪直弼, 1776~1852, 「선산 의구총을 지나며過善山義狗塚」, 『매산집梅山集』

이 시는 홍직필이 선산善山의 의구총 옆을 지나다가 감회가 있어 지은 시이다. 지금도 경상북도 구미시 해평면 낙산리에 무덤과 '의로운 개義狗'라고 새긴 비석이 남아 있고, 무덤 뒤로는 당시의 일을 그림으로 그려 새긴 석판이 둘러져 있다.

옛날에 어떤 사람이 술에 취해 길가에 누웠는데, 개가 그 곁을 지키고 있었다. 그런데 갑자기 불이 나서 주인이 누운 자리까지 번져 왔다. 개가 짖으며 주인의 옷을 끌었으나 주인은 끝내 깨어나지 않았다. 그러자 개가 강으로 달려가 자신의 몸을 적셔 와서는 몸을 흔들어 사방의 풀을 적셨다. 불이 꺼질 때까지 이렇게 하기를 수십 번, 마침내 탈진하여 죽고 말았다. 개 덕분에 죽음을 면한 주인은 깨어나 곁에 죽어 있는 개를 발견하고는 그 자리에 고이 묻고 봉분을 만들어 주었다고 한다.

아이들은 사춘기를 지나면서 부모를 대하는 태도가 사뭇 달라진다. 한없이 큰 자리를 차지하던 부모의 비중은 점점 줄어들고 친구, 음악, 게임 등이 그 자리를 채우기 시작한다. 맹자孟子는 "어려서는 부모를 사랑하다가도, 이성이 좋은 줄 알게 되면 예쁜 여자를 사랑하게 된다."라고 하였다. 자연의 이치가 그런 것이니 서운해도 어쩔 수 없다. 요즘은 퇴근해 집에 들어가는 나를 반기는 것은 아이들이 아니라 두 마리 강아지이다. 기뻐서 꼬리를 흔들며 서로 주인의 사랑을 독차지하려고 팔짝팔짝 뛰는 모습을 보며 잠시나마 세상 근심을 잊을 수 있다.

서로 더 잘 소통해 보자는 목적으로 SNS가 발전하였지만, 현대인들은 오히려 외로운 섬처럼 고립되어 가고 있다. 직접 만나지 않아도 사이버 세상에선 다양한 방식의 의사소통이 가능하다 보니, 얼굴을 마주하며 인간적인 정을 쌓거나 유대를 돈독히 하기가 더욱 어려워졌다. 반려동물을 키우는 사람이 늘어나는 것도 이렇게 삭막해져 가는 사회에서 조금이나마 정서적 위안을 얻으려는 것이리라.

그런데 키우던 개를 버리는 일도 사회적으로 큰 문제가 되고 있다. 우리 집 근처 광장에는 주말마다 천막이 설치된다. 그곳에는 자신을 입양해 주기를 기다리는 유기견들이 있다. 이 개들은 일정 기간 안에 새 주인을 만나지 못하면 안락사를 당한다고 한다. 가끔 그 앞을 지나다가 개들과 눈이 마주친다. 애잔하게 바라보는 그 눈빛을 뭐라 형언하기 어렵다. 우리 집 개들도 여기서 입양했지만, 새끼 때부터 키우던 개들 못지 않게 키울수록 애정이 간다. 입양하길 잘했다는 생각이 새록새록 든다.

개는 의리 있는 친구이다. 슬플 때나 기쁠 때나 변함없이 주인의 곁을 지켜 주고, 위험이 닥쳤을 때에는 목숨을 바쳐 도와준다. 주위에 이만한 친구가 있는가? 하지만 인간은 자기 필요에 의해 키우다가 귀찮아지거나, 늙거나 병들어 돌보기 어려워지면 의리를 저버리고 친구를 버린다. 개들은 주인을 위해 죽기도 하는데, 주인을 믿고 따르는 개를 사람이 저버려서야 되겠는가?

양기정

쉽지 않은 세상살이

허목

인정은 시도 때도 없이 변하고
세상일은 하루하루 복잡해지네
친한 사이였다가도 아주 멀어지곤 하니
한결같이 보기가 영 쉽지 않네

人情有萬變
世故日多端
交契亦胡越
難爲一樣看

허목許穆, 1595~1682, 「인간관계를 신중히 하자고 스스로 다짐하다愼酬酢自警」, 『기언記言』

미수眉叟 허목은 시골에 은거하며 독서하고 도를 논하는 산림山林으로 지냈다. 그러다 명망이 높은 인사를 국왕이 직접 초빙하는 제도가 마련됨에 따라 56세 되던 해에 능참봉陵參奉에 제수

되었고, 81세가 되던 해에는 이조 판서를 거쳐 우의정에 제수되었다. 그 사이 남인이었던 미수는 당쟁 속에서 여러 차례 정치적 기복을 겪는다.

계속 은거하며 지냈다면 번민할 일도 적었을 텐데 번잡한 세상살이는 그의 마음에 많은 갈등을 일으켰다. 시시때때로 끓었다 식었다 하는 세태 속에서 늘 변함없는 것을 찾는다는 것은 애초 지나친 욕심이었을지도 모른다.

복잡한 세상을 살아가며 번민하는 것은 예나 지금이나 피하기 어려운 일이다. 내 마음을 나도 잘 모르겠으니, 남들이 내 마음 같지 않다고 한탄하는 것은 아직 내 소관이 아닌 것 같고, 일하느라 정신없이 바쁘다고 하지만 매 순간 집중했는가를 생각하면 할 말이 없다. 이런가 하면 저렇고, 저런가 하면 이런 일상 속에서 어리숙한 자신의 모습을 확인하고 번민하느라 일을 또 보탠다.

조선 성종 때 불우헌不憂軒 정극인丁克仁은 「상춘곡賞春曲」을 지어 속세를 떠나 자연에 묻혀 안빈낙도하는 생활을 노래하였다. 이 곡 첫머리에 "홍진紅塵에 묻힌 분네 이내 생애 어떠한고? 옛사람 풍류를 미칠까 못 미칠까?"라고 한 내용이 있다. 봄날의 흥취에 젖어 자연 속에서 유유자적하는 모습은 보는 사람의 정신까지 개운하게 한다. 그렇긴 하지만 속세에 묻혀 살면서도 이치에 따라 경우에 맞게 산다면 지극한 즐거움을 누리는 것을 넘어 지극한 도리를 행하는 것이 될 터이니, 더없이 훌륭한 삶이라

할 것이다. 그 정도 되면 "속세 떠나 사는 분네 이내 생애 어떠한고? 옛사람 도리에 미칠까 못 미칠까?"라고 당당하게 노래할 수도 있을 것이다. 하지만 속세를 떠나 지극한 즐거움을 누리기도 쉽지 않은 마당에 흙먼지 가득한 속세에서 제대로 된 도리를 행하며 살기란 어렵고 또 어려운 일이다.

하승현

머리맡에 눈물은 새로 더해만 가고 新添枕邊淚

꿈속에서 떠도는 넋 마주하곤 한다 時接夢中魂

제 2 장

이별

離別

스승의 빈자리

이달우

흉금은 비 갠 뒤 달처럼 탁 트이셨고 　灑然無累胸中月
자리엔 봄기운 같은 온화함이 가득했네 　渾是團和座上春
들보가 꺾이고 산이 무너지니 또 어디서 뵈올까 　樑折山頹何處仰
낙동강 가 슬픈 바람 속에서 눈물 훔치네 　悲風揮淚洛江濱

이달우李達宇, 1629~1691,「만장輓章」,『청천당집聽天堂集』

조선 중기에 진사進士를 지낸 이달우가 스승 청천당聽天堂 장응일張應一을 애도하여 지은 만시輓詩의 일부이다. 장응일은 저명한 학자이자 문신인 여헌旅軒 장현광張顯光의 양자로, 자는 경숙經叔이고 본관은 인동仁同이다. 대사간 등을 지냈으며, 청백리로

칭해질 정도로 관료로서의 처신이 깨끗하고 절개가 곧아서 사림士林이나 조정에서 명망이 높았다.

제1구의 표현은, 송宋나라 때의 문인 황정견黃庭堅이 염계濂溪 주돈이周敦頤의 높은 인품과 탁 트인 흉금胸襟을 묘사하면서, "흉금이 말쑥하기가 마치 비가 온 뒤의 맑은 바람이나 깨끗한 달과 같다.胸中灑落 如光風霽月"라고 한 데서 온 말이다.

제2구의 표현은, 송나라의 학자 주광정朱光庭이 대학자인 정호程顥를 찾아가 한 달 정도 가르침을 받고 돌아온 뒤에 사람들에게, "봄바람 속에서 한 달간 앉아 있었다.在春風中坐了一月"라고 그 감동을 전했던 일화에서 나온 것이다.

제3구의 표현은, 공자孔子가 세상을 떠나기 7일 전에 자신이 두 기둥 사이에 앉아 제사를 받아먹는 꿈을 꾸고서 아침 일찍 일어나, "태산이 무너지려나, 들보가 꺾이려나, 철인이 쇠하려나?泰山其頹乎 梁木其壞乎 哲人其萎乎"라고 노래하였다는 고사에서 나온 것이다.

제1구와 제2구는 모두 훌륭한 학자의 고결하고 온화한 인품을 형용할 때 많이 쓰는 표현이고, 제3구는 현인이 죽었을 때의 충격을 비유적으로 표현할 때 자주 쓰는 표현이다.

얼핏 상투적인 표현들의 연속인 것처럼 보일 수도 있지만 시인에게 그만큼 큰 영향을 주었던 스승이라는 것을 감안하고 보면, 오히려 의지하던 대상을 기리는 마음과 상실감이 잘 표현되었다고 할 수 있다.

근래에도 몇몇 원로 한학자들이 잇달아 세상을 떠났다. 굳이 우리 시대의 마지막 한학자였다는 거창한 수식어를 붙이지 않더라도, 그 선비다운 온화한 풍모와 깊은 학식은 후학들이 절로 감복하게 만들었다. 빠르게 진보하는 기술 탓에 연륜이 뒷전으로 밀리는 세태 속에서도, 그나마 한학이나 국학이란 소중한 전통 자산을 지켜 오신 이 분야 원로들은 후학들의 존경을 받아 왔다. 온갖 참고 자료들을 통해서도 해결할 수 없는 많은 문제들을 그분들의 경험에 의지해 해결할 수 있었다. 그렇기에 한 분 한 분 타계하실 때마다 묻고 의지할 곳을 잃는다는 마음에 가슴이 허전하다. 이제 더 이상 모시고 여쭐 수가 없게 되고 보니, 위의 시 내용이 더욱 절실하게 다가온다.

봄이 오면 산천의 빈자리들은 어김없이 다시 채워지지만, 사람이 떠나간 자리는 쉽게 채워지지 않는다. 그 빈자리를 만든 것은 평생토록 노력하여 쌓은 큰 학덕을 오래도록 기억하게 하려는 조물주의 작은 배려가 아닐까?

권경열

먹고 사는 일이 내겐 정말이지 골칫거리

박계강

지팡이 짚고 올라 아득히 먼 곳 바라보니 扶筇登眺渺茫間
만경창파에 수없이 많은 산들 萬頃滄波萬點山
먹고 사는 일이 내겐 정말이지 골칫거리 口腹於吾眞一祟
강가에서 늙어 가지 못하는 이내 신세 不將身世老江干

박계강朴繼姜, ?~?,『패관잡기稗官雜記』

이 시는 중종 대부터 선조 대 사이에 활동하였던 여항 시인 박계강이 지은 시이다. 유재건劉在建의 『이향견문록異鄉見聞錄』에 박계강과 관련된 일화가 전한다. 그는 부유한 집안에서 자랐으나 교육을 받지 않아 나이 사십이 되어서도 낫 놓고 기역 자도 모를

정도였다고 한다. 하루는 길을 가는데 어떤 하인이 편지를 보이며 어디에 전해야 할지를 물었다. 그는 모른다고 하기가 창피해서 바빠서 볼 시간이 없다고 하였다. 그랬더니 하인이 눈을 내리깔며 비웃었다. 이 일이 있은 후로 마음을 다잡고 분발하여 수년간 글을 읽어 문장 실력을 갖추었다고 한다.

박계강은 당시 명사들과 어울리면서 시를 잘 짓는다는 명성을 얻었는데, 위의 시는 목계木溪 강혼姜渾이 그와 함께 남산에 올라 운을 불러 주면서 시를 짓게 했을 때, 그 즉시 입으로 불러서 지은 시라고 한다. 운자만 대도 입으로 시 구절을 부를 정도면 그 구절은 이미 마음속으로 수도 없이 되뇌었던 생각에서 나온 것이리라.

시인은 남산에 올라 한강을 바라본다. 넘실넘실 흘러가는 강물과 강 건너 끝없이 이어지는 산들을 바라보고 있자니, 정신이 상쾌해지면서 늘 이렇게 강가에서 자연을 벗하며 살 수 있다면 얼마나 좋을까 하는 생각이 든다. 하지만 이내 당장 먹고사는 문제로 여유를 찾을 형편이 못 된다는 사실을 깨닫는다.

시간이 흐르면서 세상이 많이 달라지긴 했지만 저마다 자기의 재능에 맞는 일을 하는 세상은 아직도 멀리에 있다. 자기의 재능이 무엇인지를 찾지 못해서일 수도 있지만 자기의 재능을 펴기엔 현실의 벽이 너무 높기 때문일 수도 있다. 꿈보다 더 급한 밥을 얻기 위해 꿈을 접을 수밖에 없는 곳에서 하루하루 자신을 달래 가면서 살아갈 수도 있다. 일자리를 못 구한 사람들이 겪는 어려움을 생각하면 이런 고민도 사치일지 모른다. 하지만 요일에 따라 표정이 달라지는 얼굴 그림이 직장인들 사이에서 공감을 사는 것을 보더라도 먹고사는 일이 즐겁기가 쉽지 않다는 것은 누구나 다 느끼고 있는 부분이다. 먹고사는 일이 쉽지 않지만 그래도 그 안에서 의미를 찾을 수 있는 일들이 많이 있을 것이다. 내가 있는 곳에서 누군가에게 의미 있는 사람이 되어 주는 것도 그중 하나가 될 수 있겠다.

하승현

먼저 떠난 아이를 그리워하며

홍경모

너희 얼굴처럼 밝은 달　　月華如汝面
밤마다 동쪽 정원에 떠오르누나　　夜夜上東園
지난 일들 다 한스럽기만 하여　　萬事皆成恨
저 하늘에 원통함 하소연하고프네　　九天欲訴冤
머리맡에 눈물은 새로 더해만 가고　　新添枕邊淚
꿈속에서 떠도는 넋 마주하곤 한다　　時接夢中魂
지고 남은 꽃의 향기 아직도 남아　　猶有殘花馥
서글프게 술병으로 들어오는구나　　凄然入酒罇

홍경모洪敬謨, 1774~1851, 「달밤에 아이를 그리워하며 月夜憶兒」, 『관암전서冠巖全書』

1800년 늦봄에 마마가 돌았다. 첫째 아이 경증慶曾과 셋째 아이 복증福曾이 앓다가 차례로 세상을 떠났다. 첫째는 6살, 셋째는 돌을 조금 앞둔 때였다. 우이동 선영에 둘 다 장사 지냈다. 깊은 산속 덩굴로 뒤덮인 곳에 아이들을 두고 오자니 발길이 떨어지지 않았다. 집으로 돌아온 지 여러 날이 지났지만 아픔에 짓눌려 아무 일도 할 수가 없었다. 멍하니 앉아 정원 동편으로 떠오르는 달을 바라보노라니 아이들 얼굴이 어슴푸레 떠오른다. 돌이켜 보면 살갑게 얘기하며 함께 놀아 주지 못한 것만 같아 아픔이 사무칠 뿐이다. 부친을 2살에 여의고 형제도 없는 내게서 아직 피어 보지도 못한 아이들마저 빼앗아 간 하늘이 원망스러울 뿐이다. 눈물로 얼룩진 베개에 새 눈물을 다시 적시며 지새우는 밤들, 흐느끼다 지쳐 설핏 잠이 들면 꿈속에 나타나는 아이들. 깨어나면 술을 마시며 잔인한 현실을 잊으려는데, 저물어 가는 봄날 지고 남은 꽃의 향기가 술병 속으로 퍼져 오면서 슬픔을 더한다.

지난해 오늘 밤 너희 형제가 난간에 기대어 등불을 바라보며 이곳저곳 가리키면서 웃던 소리가 귓가를 울리는데, 올해 오늘 밤에는 다시 어디에 있단 말이냐? 너희를 그리워하고 너희를 안타까워하는 마음에 잠긴 나는 시를 통해 그 슬픔을 풀어 보고 싶었다만 차마 붓을 들지 못하였다. 힘겹게 붓을 들어 써 내려 가려니 울음이 먼저 쏟아지고, 울려니 목이 먼저 메어 오늘에 이르게 되었구나. 오늘 이 밤이 되자 그리움과 안타까움이 배나 더하여 눈에 보이는 것들이 다 애통함을 자아내는구나.

홍경모가 지은 「곡아哭兒」 편이다. 이밖에 「죽은 아이의 생일에 쓴 제문祭亡兒生朝文」에서도 아이를 잊지 못해 애통해하는 그의 마음을 잘 볼 수 있다.

너와 동갑인 아이를 보면 생각하고 너와 놀던 아이를 보면 생각한다. 붓과 먹을 보면서도 생각하고 진기한 물건, 아름다운 그림을 보면서도 생각하고, 밥을 먹으면서도 생각하고 잠자리에 누워서도 생각하고, 비가 와도 생각하고 바람이 불어도 생각하고, 달빛 아래 생각하고 꽃들 아래 생각한다.…… 만약 내가 생각을 할 수 없다면 그만이지만 만약 내가 생각이 있다면 끝없이 이어지는 나의 생각을 어느 때인들 그칠 수 있겠느냐?

자식을 잃은 부모에게 내일은 없다. 어제, 지난달, 지난해, 그때만이 있을 뿐이다. 아이의 얼굴, 몸짓, 웃음을 떠올리고 되새기면서 더 잘해 주지 못한 데 대한 슬픔과 회한만이 잔해처럼 가슴에 남는다. 공자의 제자 자하子夏는 자식을 잃은 슬픔에 너무 눈물을 흘린 나머지 시력을 잃었다고 한다. 자식을 잃은 슬픔은 지워지지 않은 채 죽을 때까지 가슴에 응어리로 남는다. 그래서 자식을 가슴에 묻는다고 하는 것이다.

변구일

은거하러 떠나는 친구를 보내며

신위

자네는 왜 그리 속세를 싫어하여　　問君何事厭囂塵
온 가족 다 데리고 파주로 은거하려는가　　盡室坡山訪隱淪
술 익고 차 향기로운 꽃 피는 달밤이면　　酒熟茶香花月夕
친구여, 옛 이웃인 나를 기억해 주려나　　忘年記否舊東隣

신위申緯, 1769~1845, 「파주로 이사하는 서치가를 송별하며送別徐穉嘉移居坡山」, 『경수당전고警修堂全藁』

신위는 조선 후기의 문신文臣으로, 자는 한수漢叟, 호는 자하紫霞 또는 경수당警修堂이며, 본관은 평산平山이다. 어렸을 때부터 신동으로 소문이 나서, 어전에 불려가 임금에게 크게 칭찬을 받은

老年花似
霧中看
檀園

적이 있다. 그 후 문과에 급제하여 벼슬은 이조 참판 등을 지냈다. 시와 글씨, 그림에 능했는데, 조선 5백 년 이래로 제1인자라는 칭송을 받을 정도로 한시를 잘 지었다. 청淸나라에 사신으로 가서도 당시 경학經學과 금석학金石學의 대가였던 옹방강翁方綱 등을 만나 인정을 받았다.

어느 날 그의 친구가 속세가 싫어졌다며 가족들을 데리고 이사를 간다고 한다. 꽃이 만발한 봄날에 함께 달 아래서 술을 마시고 차를 마시던 친구. 이젠 그에 관한 모든 것들을 추억이라는 공간에 넣어 두어야 한다.

흔히 이별을 앞둔 사람은 슬픔과 눈물을 언급하지만, 이 시에서는 그저 담담하게 옛 추억을 더듬고 있을 뿐이다. 술과 차, 꽃, 달밤, 친구가 소재로 등장하는 장면은 한 폭의 그림처럼 아름답기만 하다. 그렇다고 해서 시인의 슬픔이 배어 있지 않은 것은 아니다.

운문이든 산문이든 앞에서 한껏 미화하고 찬양한 후에 뒤에서 그것이 사라진 것을 말하면, 독자가 느끼는 상실감은 훨씬 더 커지는 법이다. 제3구에서 언급한 추억이 서정적이고 아름다울수록 이별 후의 심정이 더욱 애절하리라는 것을 짐작할 수 있다. 더구나 시인은 지금 70세가 넘은 노인이다. 언제 다시 만날 수 있을지 기약할 수 없다.

인생을 살아가면서 오래도록 변하지 않고 진심을 주고받을 수 있는 친구를 만나는 것은 결코 쉬운 일이 아니다. 대부분 자신에게 이익이 되는지를 먼저 염두에 두기 때문이다. 당唐나라 두보杜甫가 가난할 때의 사귐에 대해 읊은 시 「빈교행貧交行」에서는 첫 부분부터 세상의 인심이 수시로 변함을 지적하고 있다.

손을 뒤집으면 구름 되고 다시 뒤집으면 비가 되니 飜手作雲覆手雨
그 분분함과 경박함을 어찌 따질 것이 있으랴 紛紛輕薄何須數

지족당知足堂 권만두權萬斗도 「한가롭게 지내며 읊다閒居漫詠」라는 시에서 친구의 사귐이 그 사람이 놓인 처지에 따라 좌우되는 것을 한탄하였다.

늙어갈수록 점차 책 읽는 재미를 알겠고 老去漸知讀書好
궁해질수록 친구 맺기 어려움을 실감하네 窮來偏覺結交難

세상의 인심은 옛날이나 지금이나 차이가 없다. 그런 면에서, 친구가 처한 상황에 상관없이 오래도록 그의 곁에 남아 주는 친구가 있다면, 아름다운 인생을 살았다 할 수 있겠다.

권경열

술잔 들어 봄을 보내며

오경화

많은 백발 술잔 앞에 다시금 서글픈데	對酒還憐白髮多
가는 세월 물과 같아 쉼 없이 흘러가네	年光如水不停波
산새도 시름하지만 봄은 이미 저무니	山鳥傷春春已暮
아무리 울어 본들 지는 꽃을 어이하리	百般啼柰落花何

오경화吳擎華, ?~?,「술잔 앞에 감회가 일어對酒有感」,『풍요삼선風謠三選』

이 시를 지은 오경화라는 인물에 대해서는 본관은 낙안樂安, 자는 자형子馨, 호는 경수瓊叟라는 정보밖에 알려진 것이 없다. 주로 중인 계층의 시를 모은『풍요삼선』이라는 시집에 시인의 이름과 이 시 1수가 전해지고 있는 것으로 보아, 신분이 중인이 아

닐까 한다.

계절은 봄으로 시작되어 여름과 가을을 거쳐 겨울에 이르러 하나의 고리를 완성한다. 봄은 계절의 시작이면서 동시에 만물이 생겨나 꽃을 피우는 시절이기도 하다. 겨우내 숨죽이고 있던 풀과 나무는 싹을 틔우고 꽃망울을 터트려 화려한 모습으로 세상의 주인공이 된다. 새로운 탄생과 화려함, 그리고 더 많은 성장을 내포하고 있는 봄은 '청춘靑春'이라는 말에서 알 수 있듯이 인간의 젊은 날을 비유하기도 한다.

봄의 길이는 얼마나 될까? 누가 봐도 노인인데 아직도 청춘임을 주장하는 이들도 있고, 아직 꽃도 피우지 않은 나이에 자신의 청춘은 갔다고 시름하는 이들도 있다. 이렇듯 청춘에 대한 저마다의 기준이 다른 것을 볼 때에, 인생의 봄은 계절의 봄과는 달리 자기 자신이 만들어 갈 수 있는 것인지도 모르겠다. 따뜻한 바람이 불고 꽃이 피는 계절이 봄이라면 푸르른靑 마음을 간직한 인생이 청춘이라 할 수 있지 않을까?

이 시에서 시인은 꽃잎 지고 녹음이 짙어 가고 있는 늦봄 어느 날, 새소리 울리는 산중 어딘가에서 술잔을 기울이고 있다. 겨울날의 차가운 기운이 모두 가신 햇살 좋은 자연에서 새소리를 벗하고 있으니 즐겁고 한가로워야 할 것만 같은데, 시인은 술잔 속에 깊은 서글픔을 담아 마시고 있다. 저무는 봄에 꽃잎만 지는 것이 아니라 자신의 젊음도 백발로 변해 가고 있음을 알기에. 시인은 산새들이 저무는 봄에 꽃이 지는 것을 마음 아파한다고 표현하고 있지만 저 새들이야 어찌 지는 꽃이 서글퍼 울겠는가? 그저 내 마음이 서글프니 새소리도 서글프게 들리는 것이지. 계절의 봄이야 순환의 연결 고리 속에서 아무리 추운 겨울 속에서도 잉태되었다가 다시 찾아와 새로운 꽃을 피우기 마련이지만, 인생의 봄은 한번 가면 그만이라 더더욱 시인의 마음을 시름겹게 한다.

지난 과거를 후회하지 않는 사람이 과연 얼마나 될까? 오늘 생각해 볼 때 만족스러운 어제는 며칠이나 될까. 더구나 인생의 황혼기에 젊은 날을 돌아보는 감회는 또 어떠할까? 되돌리고 싶어도 되돌릴 수 없는 것이 시간이고 인생이라면, 웃으면서 되돌아볼 수 있는 인생을 살았다면 그래도 성공한 인생을 살았다고 할 수 있지 않을까?

요즘 사람들은 바쁜 일상에 봄날이 가는지 돌아볼 여유도 없다. 정신을 차리고 보면 봄뿐만 아니라 여름, 가을도 다 지나고 추운 겨울이 성큼 다가와 있는지도 모르겠다. 그렇다면 봄에 지는 꽃잎을 보며 술 한잔 기울일 수 있는 것도 크나큰 여유라 할 것이다. 어느 노래의 가사처럼, 살아온 날보다 살아갈 날이 짧을지도 모르는 인생의 어느 지점에서 시들어 가는 꽃보다는 남은 인생을 위하여 술잔을 들어 보는 것도 괜찮을 듯하다.

이정원

생의 마지막 봄을 맞으며

이상정

바람과 눈 스산한 밤은 몹시도 긴데	風雪蕭蕭夜苦長
잠 깨인 찬 창가엔 새벽빛 흔들린다	寒窓睡罷動晨光
매화 향기 새어 들어 봄소식 전해 오니	梅香漏洩春消息
음기 가득한 대지에 한줄기 양기여라	大地窮陰一線陽
누런 닭 울음 울어 새 하늘을 알리니	黃雞喔喔報新天
유수 같은 세월 속에 내 나이 칠십이라	流水光陰七十年
세상만사 유유함은 전혀 관여치 않고	萬事悠悠渾不管
전전긍긍 일념 속에 온전히 돌아가리	淵冰一念且歸全

이상정李象靖, 1711~1781, 「입춘立春」, 『대산집大山集』

이상정은 갈암葛庵 이현일李玄逸의 외증손이자 밀암密菴 이재李栽의 외손이다. 이현일과 이재는 퇴계退溪 이황李滉의 학문을 계승한 영남의 대표적인 학자들이다. 이상정도 이러한 집안의 학통을 이었는데, 퇴계의 학문을 가장 잘 계승했다 하여 소퇴계小退溪라 불리기도 했다. 일찍이 과거 시험인 문과에 급제하여 관직에 나아간 적도 있지만, 일생을 학문에 전념하며 많은 문인을 길러 내는 데 힘썼다. 조정에서는 계속 그에게 관직을 제수하며 정사에 참여하도록 하였으나 그때마다 번번이 사직하고 학문에 매진하였다.

위의 시는 그가 71세를 일기로 생을 마친 1781년에 입춘을 맞아 지은 시이다. 생을 마감하며 지은 유시遺詩는 아니지만 언제나 마지막을 생각하는 노년의 심사와 감회가 잘 드러난 작품이다. 두 편의 절구 중 앞의 시는 새봄의 생동감을 노래하고 있고 뒤의 시는 자신을 돌아보며 차분히 정리한 생각을 적고 있다.

입춘이 봄의 시작이라고는 하지만 겨울의 끝자락이기도 한 탓에 여전히 밤은 길고 날은 차다. 지나온 겨울과 별반 차이를 느끼지 못할 수도 있고 어쩌면 오히려 더 스산하다고 느낄지도 모른다. 그러나 우리가 느끼지는 못하더라도, 깊은 겨울은 양陽의 기운을 머금었다 토하며 우리에게 봄을 선사한다. 시인은 잠깬 새벽녘에 스미는 매화 향기를 통해 새봄의 기운을 느끼고 있는 것이다.

시인은 인생의 모든 계절을 거쳐 마지막 끝자락에 와 있다. 계절이야 겨울이 지나면 봄날이 다시 오지만 인생은 겨울이 지나면 그렇게 그냥 끝나고 마는 것임을 어찌 모르겠는가? 새 하늘을 알리는 닭 울음소리를 들으며 희망찬 미래를 떠올리기도 전에 내 생의 끝자락이 어디까지인가를 먼저 더듬어 보게 된다. 시인은 새봄을 맞아 얼마 남지 않은 삶, 이제 세상일과는 차근히 이별하고 온전한 죽음을 맞기만을 기원한다. 새로운 양의 기운이 출현하는 생동감과 대비되어 봄날을 맞이하는 쓸쓸함이 더 잘 전해진다.

지구의 공전이 유지되는 한, 겨울이 지나면 어김없이 봄이 찾아올 것이다. 그리고 세상을 살아가는 우리는 그 봄을 맞이할 것이다. 그러나 무심코 맞이하는 나의 이 봄이 누군가에게는 이제 더 이상 만날 수 없는 생의 마지막 봄일 수 있다. 어쩌면 나의 마지막 봄날일지도 모를 일이다.

이정원

님을 보내며

이순인

한강물은 유유히 밤낮없이 흐르는데　　漢水悠悠日夜流
외로운 돛단배는 길손 위해 머물지 않네　　孤帆不爲客行留
고향이 가까워질수록 종남산은 멀어지니　　鄕關漸近終南遠
시름이 없어지다 도로 생겨나시리라　　可是無愁還有愁

이순인李純仁, 1533~1592, 「한강에서 퇴계 선생을 전송하다漢江送退溪先生」, 『고담일고孤潭逸稿』

이순인은 조선 중기의 문신이자 학자이다. 자는 백생伯生 또는 백옥伯玉, 호는 고담孤潭, 본관은 전의全義이다. 초기에는 동인東人의 영수인 이발李潑의 부친 이중호李仲虎에게 사사師事하였

으며, 후에 다시 퇴계退溪 이황李滉과 남명南冥 조식曺植의 문하에서 공부하였다. 그러나 조정에 나아간 뒤의 정치적 행보는 율곡栗谷 이이李珥 등 서인西人들과 궤를 같이하였다. 벼슬은 형조참의 등을 지냈다. 시문에 뛰어나 이산해李山海 등과 함께 8문장으로 불렸다. 특히 지봉芝峯 이수광李睟光은 그의 시가 당시唐詩에 가깝다고 평하면서 칭찬을 아끼지 않았다. 그는 글씨에서도 일가를 이루었는데, 그중에서도 초서草書에 아주 뛰어났다.

퇴계가 선조宣祖의 간청에 못 이겨 잠시 조정에 나와 벼슬하다가 이내 사직하고 고향으로 돌아갈 때였다. 장안의 명사들이 모두 배가 떠나는 한강가로 나와 전송을 하는데, 명사들의 작별에 시가 없을 수 없는 법. 쟁쟁한 문사들이 저마다 솜씨를 뽐내어 한 수씩 읊었다. 훗날 이수광은 『지봉유설芝峯類說』에서 "송별하는 시가 매우 많았지만, 이순인의 시가 가장 훌륭하다."라고 평한 바 있다.

이 시의 묘미는 뒤쪽 두 구에 있다. 고향 산천이 가까워지면 개인적으로야 산림에 묻혀 학문을 하는 삶을 떠올리며 즐거울 것이다. 그러나 고향이 가까워질수록 한양의 남산은 그만큼 멀어진다. 나라의 중망을 받는 지식인에게는 조정을 등진다는 것이 또 다른 시름의 시작일 수 있다. 시인은 퇴계가 가졌을 이런 내면적 갈등을 이 두 구절 안에서 깔끔하게 대비시켜 보여 주고 있다.

송별시는 지나치게 이별의 슬픔을 강조하여 표현하기가 쉽지만 전통적으로 한시를 평할 때에는 상투적인 감정 표현을 자제하는 것을 높이 친다. 이 시는 그처럼 애절한 이별의 슬픔을 언급하지 않고도 상대의 의중과 자신의 아쉬움을 잘 표현하고 있다. 이 시가 후대에까지 절창絶唱으로 전해지고 있는 것은 이 때문이다.

이 두 구절의 모티브는 송宋나라 범중엄范仲淹의 「악양루기岳陽樓記」라는 글에서 나온 것으로 추정된다.

> 조정의 높은 자리에 있을 때는 백성들을 걱정하고, 멀리 강호에 묻혀 지낼 때는 그 임금을 걱정한다. 나아가도 걱정이요, 물러나도 걱정이니, 그렇다면 언제나 즐거워할 수 있을 것인가?

명재상으로 이름이 높았던 범중엄은 당시에 각종 개혁을 추진하다가 조정의 반대 세력에 의해 모함을 받고 외직으로 밀려나 있던 터였다. 요즘 같으면 원망 섞인 푸념을 하거나, 비난을 가하기 쉽지만, 그는 오히려 한결같이 나라를 걱정하고 백성을 걱정하였다. 후세의 문사들이 「악양루기」를 애송하였던 것은 벼슬하는 사람이 갖춰야 할 가장 이상적인 자세를 담고 있기 때문이다. 오늘날의 지식인층, 지도층에 속한 사람들에게도 깊은 울림을 줄 수 있는 명언이다.

권경열

혼자 웃는 이유

정약용

곡식 넉넉한 집엔 먹을 사람 없는데	有粟無人食
자식 많은 집에서는 굶주림을 걱정하네	多男必患飢
영달한 사람은 어리석기만 한데	達官必憃愚
재주 있는 사람은 기회조차 얻지 못하네	才者無所施
복을 다 갖춘 집 드물고	家室少完福
지극한 도는 늘 펴지지 못하네	至道常陵遲
아비가 아낀다 해도 자식이 늘 탕진하고	翁嗇子每蕩
처가 지혜로운가 싶으면 남편이 꼭 어리석네	婦慧郞必癡
달이 차도 구름이 가리기 일쑤고	月滿頻値雲
꽃이 피어도 바람이 떨구네	花開風誤之
세상만사 이렇지 않은 게 없어	物物盡如此

丁若鏞先生肖像
實事求是創始

혼자 웃는 그 뜻을 아는 이 없네 獨笑無人知

정약용丁若鏞, 1762~1836, 「혼자 웃다獨笑」, 『다산시문집茶山詩文集』

다산 정약용은 세상만사를 가만히 지켜보면서 홀로 웃는다. 그러나 웃는 것이 꼭 즐거워서만은 아니다. 이런 면이 있으면 저런 면이 있고 저런 면이 있으면 이런 면이 있다고 스스로를 위로하는 애잔한 웃음이고, 세상의 변화를 받아들일 수밖에 없어서 흘리는 쓸쓸한 웃음이다.

곡식이 필요한 집에 필요한 만큼의 곡식이 있으면 좋으련만 어떤 집에는 먹을 사람이 없을 정도로 곡식이 남아돌고, 어떤 집에는 식구들이 주릴 정도로 곡식이 모자란다. 하늘이 공평무사하지만은 않구나 싶어 한 번 웃는다. 현명한 사람이 높은 벼슬에 오르고, 재주 있는 사람이 재주를 다 펴 보면 좋으련만 높은 자리에 어리석은 사람이 있고 재주가 있어도 쓰이지 못하는 경우가 있다. 하늘의 뜻을 알 수 없어 또 한 번 웃는다.

그러나 그 또한 완벽하거나 변치 않는 것은 아니다. 처가 지혜로운가 싶으면 남편이 어리석은 경우가 많고 아비가 아껴서 재산을 모아 놓으면 자식이 탕진해 버리는 경우가 많다. 그렇게라도 세상은 공평해지는 것인가 싶어 또다시 웃음이 난다.

어디 인간사만 그럴까? 달이 차올라 밝다 싶으면 구름이 이내 가려 버리고, 꽃이 피어 예쁘다 싶으면 바람이 떨구어 버린다.

어떤 것도 영원히 좋을 수만은 없구나 하는 생각에 무상함을 느끼며 또 한 번 웃는다.

세상은 온통 알 수 없는 일들로 가득하다. 어쩌면 세상이 어떻게 돌아가는지 알 수 없음을 깨닫는 것이 세상의 이치를 깨닫는 것일지도 모른다. 알 수 없는 세상사에 헛웃음 짓는 그 마음을 누가 알까? 아는 이 없으니 함께 웃을 수도 없다. 그러니 혼자 웃을 수밖에. 혼자 웃고 있는 시인의 눈에 눈물이 그렁하다.

하승현

꿈에서나마 너의 모습을

송상기

꿈속에서 너의 모습 가끔 보았지만　　夢汝雖時有
늘상 또렷치 않아 한스럽더니　　尋常恨不明
웬일인지 이날 밤 꿈속에서는　　那知當此夜
홀연히 마치 살았을 적 같았지　　忽復似平生
손잡고 즐기는 모습 눈앞에 선하고　　宛爾提携樂
웃으며 말하는 소리 귓가에 쟁쟁한데　　琅然笑語聲
건너편 숲속의 두견새 곡소리에　　前林杜鵑哭
놀라 일어나니 눈물만 흐를 뿐　　驚起淚縱橫

송상기宋相琦, 1657~1723, 「4월 3일 밤 꿈에……」, 『옥오재집玉吾齋集』

4월 3일 밤 꿈에 죽은 아이가 곁에서 함께 자다가 이불을 제치고 앉아 평소처럼 말하고 웃는 것을 보았다. 말은 기억나지 않지만 목소리와 모습은 생생하였는데, 갑자기 놀라 깨니 보이는 것이라곤 적막한 창뿐이고 사방엔 사람 소리 하나 없었다. 그 흔적을 찾아보려 해도 이미 간데없어 멍하니 자리를 쓰다듬다가 베개에 기대어 눈물만 흘리고 있었는데, 홀연히 들려오는 집 앞 숲의 두견새 소리에 너무도 괴로웠다. 이때의 이런 심정을 진실로 차마 말로 형용할 수 없지만 차마 기록하지 않을 수도 없기에 아침에 일어나 쓴다.

송상기는 1684년숙종10에 문과에 급제한 뒤 홍문관 관리로 출사해 과감하고 강경한 의론을 펼쳐 이름을 떨친 자이다. 부수찬 시절 장희빈의 세력에 저항하다 파직된 뒤 다시 복직하였고, 이후 수많은 관직을 거치면서 노론의 영수가 되어 정론을 주도하였다. 1722년 경종이 병이 들자 당시 세제世弟였던 영조에게 대리청정시킬 것을 주장하다가 강진으로 유배되고 1723년 그곳에서 죽었다.

그의 일생을 사업으로만 보자면 화려한 가문에서 뛰어난 자질을 갖고 태어나 일찍부터 우암尤庵 송시열宋時烈의 기대를 받았으며, 조정에 들어와서는 조금도 거리낌 없이 주장을 펼쳐 나갔으니, 더할 수 없이 강직하게 신념에 따라 살다 갔다고 할 수 있겠다. 그러나 자식에 대한 절절한 그리움을 읊은 위의 시에서는 송상기의 전혀 다른 일면을 볼 수 있다. 이 시는 옥오재 송상기가, 14세에 홍역을 앓다 죽은 아들을 잊지 못하여 쓴 시이다. 송상기는 이 시 외에도 아들의 첫 번째 기일에 지은 「죽은 아들에 대한 제문祭亡兒文」과 10년 후 「죽은 아들을 옮겨 장사 지낼 때의 제문祭亡兒遷葬文」을 지었는데, 세월이 흘러도 여전히 잊지 못하는 부모의 애끓는 심정을 토로하고 있다. 이 시는 제목이 서문을 겸하고 있어 이 시를 지은 배경을 잘 설명해 주고 있기에 굳이 사족을 붙일 필요가 없다.

부모는 산에 묻고 자식은 가슴에 묻는다는 말도 있듯이 먼저 간 자식을 부모가 어찌 잊을 수 있겠는가?

죽은 자식에 대한 애달픈 심정을 읊은 글 가운데 명문장으로 꼽히는 글이 또 있다. 김창협金昌協의 『농암집農巖集』에 실린 「죽은 아들의 소상 때에 쓴 제문亡兒初朞祭文」이다.

> 우두커니 외로이 지내고 정신없이 막막하게 사는 것이 마치 가지 없이 쓰러진 나무나 불타지 않는 식은 재 같으니 사람이 이렇게 살면서 어찌 즐거울 수 있겠느냐? 그런데도 배고프면 먹을 것을 찾고 추우면 옷을 입고 아프면 약을 구하여 구차하게 목숨을 이어 가고 있으니, 심하구나! 나의 무디어진 마음이여!
>
> 사람들은 나의 병이 오래도록 낫지 않는 것을 두고 슬픔이 지나쳐 몸이 상한 것이라 생각하고는 네 생각을 하지 말고 있으라고 충고하곤 한다. 그러나 나는 지나치게 슬퍼한 적이 없다. 하

지만 어찌 생각나지 않을 수 있겠느냐? 책을 펼치면 생각이 나고 술과 밥이 있으면 생각이 나고 옛사람의 좋은 시문을 보면 생각이 나고 의논할 만한 일이 생기면 생각이 나고 집 안팎을 출입하며 너와 나이가 비슷한 후생을 보면 생각이 나고 산수를 만나면 생각이 나고 풀이 나고 꽃이 피면 생각이 나고 바람이 맑고 달이 밝으면 생각이 나고 꾀꼬리의 지저귐, 매미 소리, 기러기 울음 소리, 학 울음 소리가 들리면 생각이 나곤 한다. 만물을 대하여 감정이 솟구칠 때는 어떤 경우인들 네 생각이 나지 않겠느냐? 생각이 나는데 보지 못하면 슬픔이 따르기 마련이다. 슬픔은 그래도 억제하여 너무 심한 지경에 이르지 않게 할 수가 있지만, 우연히 사물을 보고 생겨나 무한히 맴도는 생각이야 내가 또 어떻게 안 할 수가 있겠느냐? 그것은 아마도 마음이 담벼락처럼 꽉 막혀 있어야만 가능할 것이니, 내 아무리 무디다 하나 그럴 수야 있겠느냐?

이 글은 지금 보아도 가슴이 먹먹해진다. 부모의 마음은 고금을 막론하고 시공을 뛰어넘어 동일한 것인가? 자식을 잃은 부모의 심정은 불 꺼진 재와 같아서 더 이상 삶의 희망을 찾아볼 수 없다. 인생의 아무 낙을 느끼지 못하고 목석같이 살면서도 생의 기본적인 욕구인 먹고 자는 것과 추위와 아픔을 느끼는 것에 대해서조차 죄의식을 가진다. 자신의 마음이 무뎌져 가고 있다고. 한데 아무리 무뎌져 간다 해도 모든 만물을 대할 때마다 솟구치는 슬픔, 머리를 치는 생각은 막을 수가 없다. 남들은 시간이 지났으니 더 이상 슬퍼하지 말고 이제 그만 잊으라고 한다. 그러나 슬픔에 어찌 유통 기한이 있겠는가?

오늘날에도 이러한 큰 아픔을 지니고 살아가는 부모들이 우리 옆에 많다. 세월호 사건이 일어난 지 몇 년이 흘렀다고 해서 우리는 그들에게 이제 그만 잊으라고 말할 수 있을까? 슬프고 원통하고 혹독하다고 느끼는 고통 앞에 선 그들을 우리는 무슨 말로 위로할 수 있을까? 부끄럽고 미안하고 참담할 뿐이다.

김성애

아이의 죽음을 슬퍼하며

윤동수

가련하여라. 하늘은 다시 생기를 회복했건만	可憐天氣復陽廻
한번 가더니 어찌하여 너는 오지 않는 거냐	一去何如汝不來
자질이 뛰어나 큰일 하리라 칭찬들 했는데	異質爭稱終遠到
꽃다운 나이에 갑자기 떠날 줄 뉘 알았으랴	芳年誰意奄斯摧
죽은 자는 기쁨도 슬픔도 없다는 걸 알지만	應知逝者無歡慽
산 사람 홀로 사무치는 슬픔 견딜 수 없구나	不耐生人獨疚哀
아, 저승에서 서로 만날 날이 어찌 멀겠느냐	泉裏相隨嗟豈遠
너를 보내고부터 날마다 쇠잔해만 가는 것을	自從喪爾日衰頹

윤동수尹東洙, 1674~1739, 「죽은 아이를 애도하다悼亡兒」, 『경암집敬庵集』

윤동수는 농은農隱 윤추尹推의 손자로, 소론少論의 영수였던 명재明齋 윤증尹拯의 종손從孫이다. 처음에는 과거 시험을 준비하였으나 얼마 뒤 뜻을 접고 학문에 전념하였다.

부인인 전의 이씨全義李氏와의 사이에 아들 둘과 딸 하나를 두었는데, 둘째 아들 윤광겸尹光謙은 17세의 어린 나이에 요절하였다. 이 시는 바로 윤동수가 자식의 죽음을 슬퍼하며 지은 작품이다. 죽은 달은 3월이라고 한다. 양력으로는 4월 봄날의 어느 날쯤 되지 않을까 싶다. 요즘 17세의 4월은 중학교를 졸업하고 막 고등학교에 입학하여 한창 새로운 계획을 세울 때이다. 새로 사귄 친구들과 수학여행을 가서 어떻게 재미있게 놀지를 상의하느라 들떠 있을 수도 있겠다. 하지만 조선시대의 17세는 지금과는 달리 성인으로 대접받고 행동하던 나이이다. 경우에 따라서는 혼인을 하여 한 가정을 꾸렸을 수도 있다. 그러하나 그렇다 하더라도 부모에게 자식은 나이와 상관없이 늘 어린 존재이고 보살핌의 대상이다.

태어남에는 순서가 있지만 죽는 것에는 순서가 없다고들 한다. 자식이 부모보다 먼저 죽는 것은 옛날에도 받아들이기 어려운 고통스러운 일이었다. 그래서 부모보다 먼저 죽는 것을 불효 중 가장 큰 불효로 보았던 것이다. 자식이 죽음을 당하는 것을 눈이 멀 정도의 아픔과 같다 하여 상명喪明이라고 한다. 자식을 먼저 저 세상으로 보낸 부모의 마음을 어떻게 헤아릴 수 있을까? 꽃도 피워 보지 못한 어린 나이의 자식을 떠나보낸 부모의 심정을 과연 머리로 이해할 수 있을까? 경험해 본 사람이 아니고서는 그 마음을 이해하기 어려울 것이다. 그저 함께 슬퍼하며 그 마음을 이해하려 노력할 수 있을 뿐이다.

한번 가면 한번 오는 것이 자연의 이치라 천지의 기운도 가라앉았다가 때가 되면 다시 생기를 되찾는데, 우리 아이는 한번 가더니 영영 다시 돌아오지 않고 있다. 자식이야 영특하든 영특하지 않든 다 똑같이 사랑스럽지만 주변의 칭찬이 남달랐던 아이라 자꾸만 옆에서 기억을 떠올리게 하니 더욱 슬프다. 죽은 사람이야 슬픔과 기쁨의 감정이 있는지 없는지 모르겠지만, 아이를 떠나보내고 홀로 남은 부모는 그 슬픔을 도저히 견딜 수가 없다. 죽은 것이 어찌 아이뿐이겠는가? 자식을 보낸 순간부터 부모의 마음도 함께 죽어 생기를 잃고서 이미 저승에 가 있는 것을.

봄에 떠난 아이를 생각하면 화려하게 꽃이 핀 봄이 더더욱 슬프기만 하다.

이정원

떠나간 아내를 그리며

오원

나는 그대 버리지 않았는데 그대 나를 버렸으니	吾不負君君負余
좋은 충고 신실한 맹서가 다 부질없게 되었구료	良箴信誓一成虛
저세상에서 어버이 모실 테니 그대는 즐겁겠지만	歸侍重泉君則樂
나를 위해 왜 조금 더 있다 가지 않았단 말이오	爲吾何不少躊躇

오원吳瑗, 1700~1740,「세상 떠난 아내를 애도하다悼亡室」,『월곡집 月谷集』

오원이 1715년 16세 때 맞이한 안동 권씨安東權氏를 떠나보낸 슬픔을 그린 시이다. 오원은 생부가 오진주吳晉周인데, 아들이 없었던 백부 오태주吳泰周에게 양자로 들어가서 대를 이었다. 오태주는 현종顯宗의 딸 명안공주明安公主에게 장가들어 해창위

海昌尉에 봉해졌는데 1716년 49세에 별세하였다. 안동 권씨는 시집온 지 한 해 남짓 지났을 때 시아버지의 상을 당했다. 상례를 치르면서 병을 앓다가 소상小祥을 치른 뒤로 위독해져 결국 1718년 1월, 세상을 떠났다. 안동 권씨는 19세의 나이로 슬하에 딸 하나만을 남기고 부부의 연을 맺은 지 3년도 채 되지 않아 남편의 곁을 떠났다.

> 아, 그대 이 세상에 이십 년도 채 못 머물렀으니, 이 얼마나 짧단 말이오? 그대 떠나면서 세 살배기 아이 하나 남겨 놓았는데 이 또한 사내자식이 아니니 이 얼마나 박복하단 말이오? 그대 친정 부모를 만나지 못한 세월이 길었는데도 수일이나 걸리는 먼 곳에 있어 병중에는 서로 의지하지 못하고 임종 때는 얼굴 보며 영결하지 못하였소. 끝내 한을 품고 관에 들어가게 되었으니 아, 몹시 참담하구료. 아, 슬프구료. 그대가 평소 내 완악함을 모르고 내가 숨이 끊어질까, 내가 몸이 상할까 죽을 때까지 근심하던 일을 생각하노라니, 아마 지금 아득한 저 명부冥府에서도 그대 자신이 죽은 것을 슬퍼할 겨를도 없이 나의 처지를 슬퍼할 것만 같소.

오원이 1718년 안동 권씨를 위해 지은 제문祭文 중의 일부로, 아내를 잃은 절절한 슬픔이 행간에 넘쳐난다. 스무 살도 안 된 젊은 부부가 사별하였으니 감정이 북받치지 않을 수 없었을 것이다. 어미가 어디 간 줄 모르는 딸아이의 해맑은 표정을 바라보며 가슴이 찢어지지 않을 아버지가 어디 있을까? 더구나 안동 권씨는 효성이 깊고 남편에게 충고할 줄 아는 여사女士의 기풍이 있어 인생의 벗으로까지 생각하던 터였다.

오원은 부인과 사별하고 3년 뒤인 1721년 한식 하루 전날 안동 권씨의 묘 앞에 석상石床과 석주石柱를 세울 때 다시 한 편의 제문을 지어 아내를 추모한다.

> 그대 이곳에 묻히고 어느덧 해가 몇 번 바뀌어…… 곱게 자란 딸아이는 뜰에서 뛰놀게 되었소.…… 야속한 인정은 떠나간 사람을 점점 잊게 만들어 눈물은 마르고 마음은 굳어져 가오. 가 버린 사람을 잊어버리게 되는 슬픔이 그 사람을 잊지 못하는 슬픔보다 더 큰 것은 아닐지? 그대의 얼굴과 목소리는 희미해지고 꿈에서조차 자주 나타나지 않는구료. 저세상에서 그대 억울한 마음에 구천을 떠돌고 있지나 않을는지?

장마가 한창이던 7월의 어느 비 오는 밤, 아내가 죽는 꿈을 꾼 적이 있다. 꿈속에서 나는 가슴을 치며 울었다. 꿈에서 깨어 눈을 뜬 채 천장을 바라보노라니, 꿈속의 슬픔이 여운으로 남아 있었는지 눈물이 주르르 흘러내렸다. 오원의 마음을 조금은 알 것 같다. 힘들고 고단한 인생길에서 벗이 되어 주는 아내에게 오늘은 따뜻한 미소와 말 한마디 건네야겠다.

변구일

쉴 때는 쉬어야

서거정

병중에는 바둑을 두니, 아픈 사람 맞나 싶고　病裏圍碁如不病
한가할 때도 시구를 찾느라 한가롭지 않네　閑中覓句亦無閑
한가로움 찾고 요양하는 것, 다 소용없으니　求閑養病都無用
한껏 사람들의 웃음거리만 되었다네　贏被旁人拍手看

서거정徐居正, 1420~1488, 「내 자신이 우스워自笑」, 『사가집四佳集』

조선 초기의 문신이자 저명한 문장가였던 사가四佳 서거정의 시이다.

그는 20년 이상을 대제학으로 지냈는데, 외교 문서 등 국가적 차원에서 공식적으로 기술하는 문장 모두가 그의 손에서 나왔

다고 해도 과언이 아닐 정도로 문장가로서 많은 일들을 담당하였다.

게다가 행정가로서의 역량도 뛰어났다. 우리나라 문장을 집대성한 『동문선東文選』, 지리지地理志인 『동국여지승람東國輿地勝覽』, 역사서인 『동국통감東國通鑑』 등 방대한 양의 문헌들이 모두 그의 주도하에 편찬되고 완성되었다.

외교관으로서의 역할도 수행해야 했다. 명明나라 초기에 조선으로 오는 사신들은 일부러 문장에 능한 사람으로 선발하였는데, 조선의 기를 꺾기 위해서였다. 조선에서도 문화 수준을 과시하기 위해 문장에 능한 신하들을 선발하여 그들과 시를 지어 주고받게 하였는데, 그 선봉에 서서 명나라 사신들이 혀를 내두르게 한 이가 서거정이다.

그렇다 보니 그에게는 한가로울 틈이 없었다. 병이 나거나 특별히 휴가를 얻었을 경우에만 쉬는 것이 가능했다. 그러나 막상 병이 들어서 요양해야 할 때에는 지루함을 달래기 위해 바둑을 둔다. 치열하게 수를 계산하다 보면 병들기 전 일처리로 골몰할 때나 다를 것이 없다. 휴가를 내어 한가롭게 쉬려다가도 시상詩想을 떠올리느라 머리와 마음을 혹사시킨다. 평소에 그처럼 갈망했던 휴식이 주어졌는데도, 의도했던 대로 지내지 못한다. 이것은 도대체 무슨 경우인가? 우연히 이러한 자신의 행동을 깨닫고, 시인 스스로도 어이가 없어 쓴웃음을 짓는다.

시를 읽으며 문득 이런 생각이 든다. 우리가 원하는 것이 과연 우리 곁에서 멀리 떨어져 있는 걸까? 가까이에 있는데, 우리가 발견하려는 노력을 하지 않아 찾지 못하는 것이 아닐까? 우리가 원하는 것이 찾아왔을 때 우리는 과연 제대로 맞이할 준비는 되어 있는가?

누구나 한가로운 삶을 갈구하지만 정작 한가로워졌을 때, 그 한가로움을 제대로 즐기는 사람은 의외로 많지 않다. 한 번쯤 모든 것을 내려놓을 수 있는 마음의 여유가 없다 보니, 익숙하지 않은 한가로움에 당황하기 일쑤다. 그만큼 평소에 자신을 배려하지 않았다는 것이다. 부지런히 일하는 것도 중요하지만 열심히 잘 쉬는 것도 중요한 일이다. 이제 우리는 스스로를 보살필 때가 되었다.

우리나라는 사계절 번갈아 가며 꽃들이 알록달록 피어나고, 신록이 싱그럽게 우거지고, 단풍이 곱게 물들고, 흰 눈이 소복소복 쌓인다. 가볍게 오를 만한 명산들도 도심에서 1시간 이내의 거리에 얼마든지 있다. 한가로움을 즐기는 연습도 해 볼 겸 가볍게 가까운 교외로라도 나가 보는 건 어떨까?

권경열

소, 반복되는 슬픔

구영

재앙 같은 돌림병을 만백성이 근심하니　萬姓憂災疫
수천 마리 소가 같은 병에 걸렸네　千牛病勢同
어찌 호서에만 가득 퍼진 것이랴　豈徒遍湖右
요동에서 옮아왔다 말들을 하네　傳道自遼東
약물로도 신통한 효력이 없으니　藥物無神效
원통한 기운이 흰 무지개로 뻗쳤네　冤氛化白虹
시골 목동의 옛 피리 소리는　村童舊牧笛
시내 바람 살랑대도 더는 들리지 않네　不復弄溪風

구영具瑩, 1584~1663, 「여수의 소 전염병 시에 차운하다次汝守牛疫韻」, 『죽유시집竹牖詩集』

구영은 조선 중기의 문신이다. 자는 영연瑩然, 호는 죽유竹牖, 본관은 능성綾城이다. 김장생金長生의 문인으로, 성품이 강직하여 인목대비仁穆大妃 폐모廢母에 반대 의견을 내기도 하였다. 정묘호란丁卯胡亂 때 남쪽으로 내려가는 왕세자를 수행한 공으로 원종공신原從功臣에 녹훈錄勳되었다. 사헌부 감찰과 회인 현감懷仁縣監을 지냈다.

소 한 마리가 농가의 대들보 역할을 하던 시절이 있었다. 농사를 지을 때는 쟁기를 끌며 밭을 갈아 주었고, 물품을 운반할 때는 무거운 짐을 등에 지거나 수레를 끌어 주기도 하였다. 농촌에서는 해마다 태어나는 송아지를 팔아 자녀들을 혼인시킬 수도 있었고, 학자금을 대줄 수도 있었다. 말로 대화를 나누지는 못하지만 커다란 눈을 통해 서로의 마음을 주고받는 정겨운 벗이기도 했다. 한마디로 농가에서 그 어떤 가축보다도 든든한 존재가 소였다.

어느 해 겨울, 온 나라가 구제역으로 한바탕 홍역을 치렀다. 국가의 축산업이 존폐의 기로에 설 정도로 심각한 상황이었다. 사람들은 민족 최대의 명절인 설을 맞았어도 고향을 찾을 수 없었다. 동네마다 전염을 걱정하여 외지 사람의 방문을 막는 금줄이 쳐졌기 때문이다.

구제역은 발굽이 둘인 동물에게만 발생하는 병으로, 치사율이 매우 높은 급성 전염병이다. 피해 확산을 방지하기 위해 병이 발생한 지역의 일정 반경 이내의 소는 감염 여부와 상관없이 무조건 생매장을 해야 한다. 애지중지 키우던 소들이 어느 날 갑자기 병도 없이 죽어 가는 것을 볼 때 소를 키우던 사람들이 느낀 심정은 말로 다 표현할 수 없었을 것이다.

구덩이 속으로 밀려 들어가는 정든 소를 차마 보지 못하고 뒤돌아서서, 다음 생에는 사람으로 태어나라고 기원하며 농장주들은 한없이 울었다. 안락사 주사를 맞은 어미 소가 정신이 혼미한 와중에도 버티고 서서 새끼에게 젖을 다 먹인 다음 죽어 갔다는 소식에 국민들도 눈물을 펑펑 쏟았다.

수백 년 전 인조仁祖 때의 시 한 편이 이런 오늘날의 상황을 그대로 그린 듯하다. 소 한 마리가 농가에서 차지하는 비중이 요즘과는 비교도 할 수 없을 정도로 컸던 시대였다. 그러니 모든 것을 잃어버린 듯 가슴을 치며 울부짖는 농민들의 모습이 그려질 법도 하다. 하지만 시인은 그런 것들을 과장되게 묘사하지 않고, 목동의 피리 소리가 끊어졌다고만 표현하고 있다. 이러한 절제가 더욱 많은 여운을 남긴다.

권경열

훌륭한 덕행을 잘 닦기를 바랄 뿐 願修天爵貴
가난한 세상살이 두려워하지 않네 不怕世間貧

제 3 장

수신

修身

비루하게 살지 않기를

허전

묘지에서 취하고 포식하는 행태 만연한 세상에서	墦間醉飽世滔滔
이른바 이 사람은 뜻이 높구나	所謂伊人志尙高
지척의 속세를 천 리 밖인 것처럼 여겨	囂塵咫尺如千里
지게미를 먹지 않고 홀로 깨어 있구나	獨也醒醒不啜糟

허전許傳, 1797~1886, 「이 첨추에게 주다贈李僉樞」, 『성재집性齋集』

조선 말기의 문신이자 학자인 성재性齋 허전이 이인공李寅恭에게 보낸 시이다. 상대인 이인공에 대해서는 자세히 알 수 없지만, 장수한 노인들에게 관례적으로 내렸던 수직壽職으로 첨지중추부사僉知中樞府事를 지낸 것은 분명하다.

이 시는 상대의 고결한 행실을 칭찬하는 내용이지만, 그 속에는 세상 사람들의 위선적 모습과 뜻을 굽혀 가며 이익을 위해 적당히 타협하는 행위에 일침을 가하는 내용이 담겨 있다.

무덤 사이를 오가면서 취토록 마시고 배불리 먹는다는 것은 『맹자孟子』「이루離婁」에 나오는 고사이다.

제齊나라에 어떤 남자가 살았는데 일정한 직업이 없었다. 그런데도 매일 외출했다가 집에 돌아오면 술에 취해 포식을 한 상태였다. 아내와 첩이 물어보면 오늘은 누구를 만나서 대접을 받고 돌아왔다고 자랑을 해댔다. 만났다고 하는 상대는 모두 높은 벼슬아치나 이름난 부자들이었다. 그러나 그 사람들이 집으로 찾아온 적은 한 번도 없었다. 아내와 첩이 이상하게 여겨 하루는 뒤를 밟아 보았다. 남편은 시장을 이리저리 기웃거리다가 성 밖 근교에 있는 공동묘지로 향했다. 남편은 거기서 제사를 지내는 묘소를 찾아다니며 음식을 얻어먹었다. 한 곳에서 다 먹으면 또 다른 묘소로 옮겨 갔다. 그 광경을 본 아내와 첩은 집에 돌아와 서로 부둥켜안고 울었다. 가족들이 믿고 의지해야 할 한 집안의 가장의 실상을 알고 실망한 것이다. 그런데 더 가관인 것은 남편이 그날도 집으로 돌아와 전처럼 거드름을 피우는 것이었다.

내실은 없으면서 겉으로만 그럴듯하게 포장하여 허세를 떠는 세상 사람들의 가식적인 모습을 잘 보여 주는 고사이다.

마지막 구절은 초楚나라 굴원屈原의 「어부사漁父辭」에 나온 표현이다. 「어부사」는 굴원이 조정에서 높은 벼슬을 하다가 정적들의 모함을 받고 쫓겨나서는 자신의 억울한 심정을 강가에서 거닐다 만난 어부와의 대화 형식을 빌어 표현한 글이다.

굴원이 자신이 쫓겨난 이유를 세상 사람들이 모두 술에 취해 있는데 자신만 깨어 있었기 때문이라고 하자 어부가 말했다.

> 세상 사람들이 모두 취해 있다면 어째서 그들과 어울려 술지게미를 먹고 묽은 술을 마시지 않았는가? 어째서 홀로 깊이 생각하고 고상하게 행동하다 추방을 당하는가?

혼자서 별나게 행동하지 말고 세상의 흐름에 따라 적당히 타협하며 살면 편하지 않겠느냐는 충고이다. 일반적인 사람들에게는 당연한 일일 수도 있는 말이지만, 고결한 뜻을 지닌 굴원으로서는 쉽게 받아들이기 어려운 일이었을 것이다. 선비는 이익을 지키기 위해 자신의 뜻을 굽히는 일을 하지 않는다는 확고한 신념이 글에 드러난다.

세상의 흐름을 거스르며 혼자 고고하게 살아가기는 쉽지 않다. 인간이기에 욕심도 있을 수 있고, 실수도 있을 수 있다. 또 때로는 적당히 타협하며 살아야 할 때도 있다. 하지만 그렇다 해도 어느 정도 기준은 있어야 할 것이다. 가족들에게 부끄럽지 않을 수 있는 것, 그것이 최소한의 기준이 아닐까?

권경열

시어머니 가르침 따라

강지덕

공부는 모름지기 삼강오륜이니　下學須敦倫
아이 잘 돌보고 어른 편히 모셔야지　慈幼且安老
한마음 올곧게 이 길 따라 행해야 하니　直轡從此行
본래 이것이 평탄한 길이랍니다　自是坦坦道

강지덕姜至德, 1772~1832,「시어머니 지일당의 운을 따라 짓다敬次尊姑只一堂韻」,『정일당유고靜一堂遺稿』

조선 후기 여류 시인인 정일당靜一堂 강씨姜氏의 시이다. 정일당은 성리학자로 명성이 높고 글씨와 시에도 뛰어났던 강지덕이다. 강희맹姜希孟의 후손인 부친 강재수姜在洙와 어머니 안동 권

씨 사이에서 태어났는데, 지극한 덕을 지닌 아이가 태어날 것이란 태몽을 꾸고 이름을 '지덕至德'이라고 지었다고 한다. 20세에 윤광연尹光演에게 시집가 시부모의 상을 치른 뒤 기울어지는 가세 속에서 자신이 직접 학생을 가르치고 바느질을 하며 어려운 살림을 꾸려 나갔고, 남편에게 학문에 힘쓰고 재물 때문에 지조를 잃지 말 것을 당부하였다. 슬하에 5남 4녀를 두었으나 모두 어려서 잃어 장성한 자식 없이 61세로 세상을 떠났다. 사후에 남편 윤광연은 강씨의 유고를 직접 수습해 1책으로 편차하여 1836년에 목판으로 간행하였다. 이때 당대 문장가인 홍직필洪直弼이 쓴 묘지명과 송치규宋穉圭가 쓴 발문을 받았다. 허난설헌許蘭雪軒이나 임윤지당任允摯堂의 유고가 모두 친정 형제들에 의해 출간되었던 것과 비교해 볼 때 당대의 사회적 인식 변화를 보여주는 대목이다. 윤광현이 직접 지은 제문도 수록되어 있는데, 그 내용을 보면 부부간의 정도 매우 깊었던 듯하다.

위의 시는 강씨가 시어머니 지일당只一堂 전씨全氏의 시운을 따라 지은 것인데, 전씨의 원시原詩는 다음과 같다.

봄이 오니 꽃들은 한창이건만	春來花正盛
세월 가니 사람은 늙어 가누나	歲去人漸老
설워하고 탄식한들 무엇하리오	歎息將何爲
선한 도리 하나만 힘쓸 뿐이네	只要一善道

전씨도 한시에 능하다는 명성이 있었다. 원시는 세월 따라 늙어 가는 자신을 돌아보며 오직 선한 도리로 살아갈 것을 다짐한 내용이고, 차운시는 강씨가 『논어論語』의 구절을 인용해 올바른 학문이란 인륜을 실천하는 것이며 자신도 며느리로서 이를 따르겠다는 내용이다. 특별한 내용은 없지만 시어머니와 며느리가 시를 주고받으며 각자의 뜻을 펼치는 광경에서 조선 후기 여성 문인들이 지성을 발휘하는 일면을 엿볼 수 있어 흥미롭다.

마지막 구의 '평탄한 길'은 중의적인 의미를 내포하고 있다. 말 그대로 사람이 실천해야 할 인의仁義의 대로大路로도 볼 수 있고 남편 윤광연의 호가 탄재坦齋인 만큼 아내로서 남편을 따르는 길이라고도 볼 수 있다.

『정일당유고』에는 「탄원기坦園記」라 하여 집안의 정원에 대한 기문이 실려 있는데, '탄원'은 남편의 호 탄재를 따서 붙인 것이라고 되어 있다.

신위申緯가 쓴 「윤탄재의 훌륭한 부인 강씨가 지은 탄원기 뒤에 쓰다題尹坦齋哲配姜氏坦園記後」라는 글을 보면, 본래 강씨의 문집이 30권이나 되고, 경설經說도 3권이 있었는데 모두 전하지 않는다고 되어 있다. 이 글이 전한다면 조선 후기 여사女士의 학문적 깊이를 가늠할 주요 자료가 되었을 텐데 안타깝다.

김성애

초심을 지킨다면

위원개

흐르는 물은 노한 듯 시끄럽고	流水喧如怒
높은 산은 화난 듯 말이 없네	高山嘿似嗔
저 둘이 오늘 보이는 행태는	兩君今日意
속세로 가는 내가 싫어서이리	嫌我向紅塵

위원개魏元凱, 1226~1292,「동시도습東詩蹈襲」,『성호사설星湖僿說』

고려 때의 문사文士인 위원개의 시이다. 위원개는 고려 고종高宗 때 장원급제하여 벼슬이 한림翰林에 이르렀다. 뒤에 출가하여 법명을 충지沖止라고 하였다. 그는 승려가 되었는데, 어머니의 권유에 따라 환속하였다가 어머니가 돌아가신 뒤에 다시 승려

가 되었다고 한다. 이 시는 다시 환속할 때의 심사를 읊은 듯하다. 물이나 산이 무슨 감정을 표현하랴? 그들은 평시와 다를 것이 없건만, 내 마음이 불편해서 그렇게 비춰지는 것이리라. 조선의 우암尤庵 송시열宋時烈도 벼슬길에 나가면서 이와 비슷한 시를 읊은 적이 있다.

산과 물의 마음을 가만히 생각해 보니	靜看山水意
너무 자주 오간다고 비웃으리라.	應笑往來頻

워낙 시상이 비슷하다 보니, 성호星湖 이익李瀷은 우암이 표절한 것이라고 비난을 하기도 했다. 하지만 심사가 크게 다를 리도 없었으리라. 동양에서는 전통적으로 산림山林에 은거하는 것을 중시하고 벼슬길을 경시해 왔다. 이는 「북산이문北山移文」이라는 글에 잘 나타나 있다.

북산北山에 은거하며 덕행으로 이름을 얻었던 주옹周顒이라는 사람이 황제의 부름에 응해 조정으로 나가 벼슬하다가 여의치 않아 다시 북산으로 돌아가려 하였다. 그러자 평소 그와 함께 뜻을 같이하였던 공치규孔稚圭가 산山의 뜻을 가탁해서 그가 다시 산으로 돌아오는 것을 막는 글을 지어 보냈다. 그 글이 바로 후대에까지 인구에 회자된 「북산이문」이다. 그러나 은거를 중시하는 마음이 전적으로 진심일지는 모르겠다. 당唐나라 승려 영철靈澈이 지은 시가 정곡을 찌른다.

만나는 사람마다 벼슬 버리고 돌아간다 하는데 相逢盡道休官去
산림에선 은거하는 사람 하나도 못 보았네 林下何曾見一人

하지만 은거하는 것만이 자신을 깨끗하게 지킬 수 있는 것은 아니고 벼슬을 한다 해서 꼭 부끄럽게 여길 일은 아니다. 이 시의 저자처럼 부모의 권유 때문에 마지못해 벼슬한 경우도 있을 수 있고, 맑은 세상에서 뜻을 펴기 위해 벼슬하는 경우도 있다. 다음 시를 노래한 염계濂溪 주돈이周敦頤의 경우도 그렇다.

이곳은 세상 고뇌 모두 잊을 수 있는 데지만 是處塵勞皆可息
시대가 맑아 끝내 차마 벼슬을 버리지 못하겠네 時淸終未忍辭官

벼슬을 하느냐 마느냐가 중요한 게 아니다. 관건은 험한 벼슬길에서 이욕과 영화에 물들어, 작게는 자신과 고을을 망치고 크게는 나라를 망치는 일을 주의하는 것이다.

벼슬한 사람이 초심을 잃지 않고 세상을 위해 기여할 수 있다면, 그리고 때가 되어 미련 없이 벼슬을 내놓고 돌아갈 수 있다면, 어디에 있든 문제될 것이 무엇이겠는가?

권경열

존재에 대하여

서경덕

존재가 나고 또 나도 다함이 없어	有物來來不盡來
다하였나 싶은 때에 어디선가 또 나오네	來纔盡處又從來
시작도 없이 나고 또 나거늘	來來本自來無始
그대는 아는가, 애초에 어디에서 오는지를?	爲問君初何所來

서경덕徐敬德, 1489~1546, 「유물有物」, 『화담집花潭集』

조선 전기의 성리학자 화담花潭 서경덕이 우주 만물을 형성하는 본원에 대해 탐구한 시이다.

화담은 사물을 관찰하고 이치를 궁구하기를 좋아했는데, 이와 관련한 어린 시절의 일화가 있다. 한번은 부모가 나물을 캐

오라고 하였는데, 매일같이 늦게 돌아오면서도 광주리를 다 못 채운 채로 돌아왔다. 이를 이상히 여겨 아들에게 묻자, "나물을 캐러 갔을 적에 새가 날아오르는 것을 보았는데, 하루는 땅에서 한 치, 다음 날엔 땅에서 두 치, 또 그 다음날엔 땅에서 세 치 뜨더니, 점차 위로 날아갔습니다. 제가 이 새가 나는 것을 보고 그 이치를 생각해 보았지만 도무지 알 수가 없었습니다. 그러다 보니 늘 늦게 돌아오게 되었고, 광주리도 채우지 못했습니다."라고 대답했다.

또 18세에 『대학大學』을 읽고, "아는 것을 지극히 함은 사물의 이치를 궁구함에 달려 있다.致知在格物"라는 대목에 이르러 마음에 크게 느끼는 바가 있었다. 이에 화담은 "학문을 하면서 먼저 사물의 이치를 궁구하지 못한다면 독서를 한들 무엇하겠는가?"라고 하고, 천지 만물의 명칭을 벽에 써 붙여 두고, 날마다 온통 여기에만 정신을 쏟으며 사물의 이치를 궁구하였다.

화담이 후에 이러한 공부 방법을 두고 어려서 훌륭한 스승을 만나지 못해 헛된 노력을 했노라며, 이를 본받아서는 안 된다고 하긴 했지만 이러한 일화를 통해 사물의 이치를 궁구하는 데 치중했던 그의 학문 성향을 알 수 있다.

위의 시에 이어 한 수가 더 있다.

존재가 가고 또 가도 다함이 없어	有物歸歸不盡歸
다하였나 싶은 때에도 다 간 적이 없어라	歸纔盡處未曾歸

끝도 없이 가고 또 가거늘 歸歸到底歸無了
그대는 아는가, 어디로 가는지를? 爲問君從何所歸

첫 번째 수가 존재가 생겨나는 곳에 대한 것이라면, 두 번째 수는 존재가 돌아가는 곳에 대한 것이다.

시작도 없이 나고 또 나는 곳은 어디일까?
끝도 없이 가고 또 가는 곳은 어디일까?
나는 곳과 가는 곳은 같은 곳일까, 다른 곳일까?
그곳과 지금 여기 이곳은 같은 곳일까, 다른 곳일까?
어디서부터를 삶이라 하고 어디서부터를 죽음이라 할까?
우리는 지금 어디에 있을까?
16세기 조선의 철학자가 우리에게 던지는 질문이다.

하승현

만족하는 마음으로 인생을 관조하며

유숙기

피지 않았을 땐 조마조마 더디 핀다 싫어하더니 未開躁躁常嫌遲
한창 피고 나면 안절부절 다시 질까 걱정을 하네 既盛忡忡更怕衰
이제야 알겠네 소옹이 사물의 이치 꿰뚫어 보아 始識邵翁透物理
반쯤 피었을 때만 꽃구경했다는 것을 看花惟取半開時

유숙기俞肅基, 1696~1752, 「다시 매화를 노래하다又賦梅」, 『겸산집兼山集』

유숙기는 영조英祖 연간에 주로 활동했던 문인이다. 그는 화분에 담긴 매화, 분매盆梅를 유독 좋아했던 모양이다. 좋은 분매가 있으면 백 리를 멀다 하지 않고 찾아가 이불과 털가죽에 싸 가지고 와서 감상할 정도로 분매를 좋아하였다고 스스로 노래하기

도 하였으니 말이다.

역대로 문인들의 사랑을 받아 유명해진 꽃들이 있다. 동진東晉의 은사隱士 도연명陶淵明은 국화를 사랑하여 울타리 아래 가꾸면서 술에 띄워 마시기도 하였고, 북송北宋의 주돈이周惇頤는 연꽃을 사랑하여 「애련설愛蓮說」이라는 짧은 글을 통해 연꽃의 품격을 추켜세우기도 하였으며, 구양수歐陽脩는 『낙양모란기洛陽牡丹記』라는 작은 책자에서 "천하의 참된 꽃은 오직 모란"이라고까지 할 정도로 모란에 대한 애정을 드러내기도 하였다. 한편, 매화는 북송北宋 때 서호西湖의 고산孤山에서 평생 독신으로 은거하며 매화를 아내 삼고 학을 자식 삼아 살았던 임포林逋의 매화 시를 통해 그 고결한 형상이 주목받기 시작하였는데, 이후 많은 꽃들을 제치고 수많은 문인의 사랑을 독차지해 왔다.

꽃이 피면 언젠가 지는 것은 자연계의 법칙이다. 생명은 성쇠盛衰의 이치를 벗어날 수 없다. 그래서인가? 꽃이 피기 전에는 어서 꽃이 피었으면 하고 아이처럼 바라더니 꽃이 활짝 피고 나서는 노인처럼 시들어 떨어지는 것을 걱정하는 마음이 덜컥 인다. 이제 저 꽃이 지면 또 한 해를 기다려야 할 터이다. 이때 문득 착잡한 시인의 마음속으로 옛사람 소옹의 지혜가 떠오른다. 소옹은 "술은 흠뻑 취할 때까지 마시지 말고, 꽃은 만개할 때까지 감상하지 말지니."라고 노래하였다. 실제로 소옹은 만개滿開한 꽃보다 반쯤 핀 꽃을 더 좋아했는데, 이는 "좋은 장소는 오래 연연해하지 말고 마음에 드는 곳은 다시 가지 말라."고 말했던 처사處士 진단陳搏의 충고를 실천하는 것이기도 했다.

'물극즉반物極則反'이라는 말이 있다. 이 세상의 모든 사물과 현상은 극에 이르면 반대로 되돌아가게 된다는 뜻이다. 이 이치를 알아 노자老子는 "족함을 알면 욕되지 않고 그침을 알면 위태롭지 않아, 장구할 수 있다."라고 말했을 것이다. 지금 이 세상에 사는 우리들은 끊임없이 '극極'만을 추구하고 있는 것은 아닌지 되돌아볼 일이다.

변구일

기러기를 놓아주며

권사복

높은 하늘에선 마음대로 날 수 있는데　　雲漢猶堪任意飛
어찌하여 논에 내려왔다가 위험에 빠졌는가　　稻田胡自蹈危機
이제부터 하늘 저 멀리 날아가서　　從今去向冥冥外
몸을 온전히 할 뿐 살찌기를 구하지 말거라　　只要全身勿要肥

권사복權思復, ?~?, 「기러기를 놓아주다放鴈」, 『청구풍아靑丘風雅』

권사복에 대한 자세한 인적사항은 찾아볼 수 없다. 다만 『전라감영지全羅監營誌』에 1361년공민왕10 안렴사按廉使로 부임했다는 기록이 보이고, 『고려사高麗史』에 1368년공민왕17 과거 시험의 하나인 국자감시國子監試의 시관試官으로 추천되었다는 기록이

보인다. 일반적으로 문과 급제자가 시관으로 선발되었다는 점을 고려할 때 그는 문과에 급제하고 시관으로 추천될 만큼 문재文才가 뛰어났으리라는 것을 추정할 수 있다.

『청구풍아』에는 이 시의 제목 아래 마을의 한 주민이 기러기를 생포하여 시인에게 주었는데 차마 먹을 수 없어 놓아주면서 지은 것이라는 설명이 있다. 먹고 살기 위해 논에 내려앉은 기러기가 오히려 인간에게 잡아먹히게 된 상황에 연민을 느낀 시인이 앞으로는 몸을 살찌우기보다 몸을 보전하는 데 더 주의할 것을 당부하며 기러기를 놓아준 것으로 이해할 수 있다. 시인이 기러기에게 연민을 느낀 이유는 무엇일까? 단순히 힘없는 생명에 대해 느낀 안타까움 때문일 수도 있지만 좀 더 나은 삶을 살기 위해 애를 쓰다 소중한 목숨을 잃곤 하는 인간 군상을 떠올려서일 수도 있겠다.

자유롭게 하늘을 날던 기러기가 논에 내려온 이유는 먹을거리를 찾아서일 것이다. 분명히 알 수 있는 위험 요소뿐 아니라 어딘가에 도사리고 있을지 모를 잠재적 위험 요소까지 경계하는 마음을 가졌더라면 위험을 피할 수 있었을 것이다. 그러나 이 시의 기러기는 결국 인간에게 잡히고 말았다. 주변에 대한 경계심이 부족했는지, 위험을 감수할 만큼 절실하게 먹이가 필요했는지, 먹을거리에 온통 주의를 빼앗겨 주변 경계를 소홀히 했는지는 알 수 없는 일이다. 그러나 이 시에 달려 있는 "이익을 좇는 무리를 경계시킬 만하다."라는 김종직金宗直의 평을 근거로 본다면 기러기가 추구했던 것은 이익이고, 그 이익은 생존을 위한 것 이상의 탐욕을 의미하고 있음을 유추할 수 있다.

김종직은 정몽주鄭夢周와 길재吉再의 학통을 계승하여 김굉필金宏弼, 조광조趙光祖에게 이어 주는 역할을 했다. 조선 시대 도학道學의 정통을 잇는 중추적 역할을 한 문신이요, 학자이다. 그가 말한 이기심에 대한 경계는 극단적인 이기심과 출세지향적인 태도로 빈부와 계층의 격차가 점점 벌어지는 현대 사회에 경종을 울린다.

욕망의 주체는 인간이다. 인간은 당연히 욕망을 긍정적인 기제로 활용할 수 있다. 많은 사람이 다양한 방식의 행복을 추구하며, 다른 사람과의 조화 속에서 자신의 욕망을 실현해 간다면 자기가 놓인 상황에 만족하며 행복을 찾을 수 있을 것이다. "만족함을 알면 욕됨이 없고, 멈춤을 알면 위태함이 없어 오래갈 수 있다."라는 노자老子의 말을 찬찬히 되새겨 볼 일이다.

장미경

밤에 앉아 시인은 상념에 잠기고

조위

고요한 밤 한가로워 홀로 문을 닫아걸고 夜靜人閑獨閉門
등불 짝하여 주역 읽으며 그윽한 헌창軒窓 마주하네 伴燈看易對幽軒
글 읽느라 매화 꽃잎 지는 것도 못 느꼈는데 讀來不覺梅花落
책상에 날아들어 하얀 흔적 한 점을 남기었구나 飛撲床頭點素痕

조위曺偉, 1454~1503, 「밤에 매화를 마주하고 주역을 읽다對梅夜讀周易」, 『매계집梅溪集』

밤이다. 빛과 색이 사라지는 밤은 소리의 세계이다. 나뭇잎과 풀잎을 흔드는 바람 소리, 하늘에서 내려 만물을 적시는 빗소리, 풀숲이나 뜰에서 들려오는 풀벌레 소리, 열을 지어 날아가며 우

는 기러기 소리, 야경꾼이 순찰하며 내는 딱따기 소리, 수심을 달래는 듯한 피리 소리, 산사山寺에서 들려오는 종소리 그리고 여염집 아낙들이 두드리는 다듬이 소리……. 밤에는 눈보다 귀가 더 밝은 법. 밤이 내는 소리는 듣는 이로 하여금 상념에 잠기게 한다.

그런데 밤이 고요하다. 바람도 불지 않고 비도 내리지 않는다. 생명의 노래를 부르던 동식물들은 모두 잠이 들고 주위를 지나다니던 이들도 몸을 눕히러 돌아갔다. 마치 시간이 정지한 것처럼 세상의 모든 움직임이 멈추어 버린 밤. 고요한 물결에 몸을 맡긴 채 시인은 등불 밑에서 『주역』을 읽는다. 『주역』의 이치를 음미하며 얼마나 깊은 생각에 잠겨 있었던 것일까? 은은한 매화 향기를 느껴 눈길을 돌리니 책상 언저리에 어느새 매화 꽃잎 하나가 내려와 앉아 있다. 마치 시인에게 천기天機를 누설하려는 듯이.

귀뚜라미는 침상 가까이서 울고	蟋蟀近床下
다듬이 소리 구월 하늘에 맑게 울리네	淸砧九月天
은하는 밤의 초입에 반짝거리고	星河耿初夜
창공은 안개 한 점 없이 깨끗하여라	碧落淨無烟
기러기는 읊조리는 늙은이 위로 날아가고	鴈度翁吟處
등잔불은 글 읽는 아이 밝게 비추네	燈明兒讀前
새로 빚은 차조술 열어 보고서	試開新秫酒

한번 들이켜니 마음 흔쾌하여라　　　　一畝卽陶然

최윤창崔潤昌의 「밤에 읊다夜吟」이다. 가까이 들리는 귀뚜라미 속삭이는 소리, 멀리서 애원하는 듯한 다듬이 두드리는 소리, 청명하여 구름 한 점 없는 하늘, 그 하늘을 하얗게 가로지르고 있는 은하수. 밤하늘을 울며 나는 기러기와 어느 집 방문으로 새어 나오는 등잔의 불빛. 묵직하게 읊조리는 노인의 목소리와 낭랑하게 글 읽는 아이의 음성. 시인의 눈과 귀는 가을밤의 소리와 빛깔을 더듬으며 그 정취에 취하고, 시인의 맥박은 이 밤이 빚어내는 뭇 생명의 약동에 고동친다. 벅차오르는 이 마음을 무엇으로 달래랴? 술 한잔 들이켜고 가을밤 속으로 젖어든다.

밤은 계절과 날씨, 장소에 따라 수만 가지 다른 형상과 소리로 우리에게 다가온다. 밤은 반가운 벗과 술잔을 기울이게 하고, 보고 싶은 사람을 그리워하게 하고, 책을 읽으며 옛사람과 이야기 나누게 한다. 오늘 밤은 또 무슨 모습으로 나를 찾아올는지.

변구일

깊은 밤 등불 아래 책을 읽자니

홍우원

차가운 서재에 밤이 고요한데　寒齋夜寂靜
창밖에 소복하게 눈이 쌓였네　窓外雪尺餘
등잔 하나 책상을 환히 비추니　一燈當案明
책상에는 옛사람의 책이 있구나　案上古人書
옛사람은 이제 가고 없는데　古人今不在
옛 책이 나를 일깨운다오　古書能起余
처음 읽자 홀연 눈이 열리어　一讀眼忽開
황홀하게 보배를 보는 듯하고　恍若閱璠璵
다시 읽자 마음에 딱 맞으니　再讀心有契
아름다운 그 말씀 음미하노라　旨哉咀珍美
읽고 또 읽으며 그만두지 않으니　終然讀不已

담긴 의리 끝없이 광대하구나	義理浩無涘
그런데 어찌하여 윤편자는	如何輪扁子
책을 찌꺼기에 비유하였는지	乃將糟粕比
방자하게 성인 말씀 모독하였으니	猖狂侮聖言
혹세무민이 이보다 심한 것 없네	誣世莫甚此
아, 나는 옛것을 몹시도 좋아하여	嗟余苦好古
먼 후대에 뜻을 높이 가지노라	尙志千載下
노둔한 자질 세상에 쓰이지 못해	魯鈍乖世用
초야에 묻혀 살아가고 있지만	屛伏在山野
방 안 가득 천만 권 책이 있으니	一室千萬卷
하늘이 빌려 주시는 여생 동안	餘年天所假
전대의 말씀과 옛 분의 선행을	前言與往行
가슴에 새기고 잊지 않으려 하네	服膺期不舍

홍우원洪宇遠, 1605~1687, 「밤에 앉아 글을 읽다夜坐讀書」, 『남파집南坡集』

어느 깊은 겨울밤, 고요하게 눈이 내린다. 밤이 깊어 고요한 건지, 눈이 내려 고요한 건지 알 수 없다. 창밖을 바라보니 한 자 넘는 눈이 쌓였다. 이런 날은 뜨끈한 아랫목에 앉아 겨울밤의 정취에 취하는 것이 참 좋다. 책상을 마주하고 등잔에 불을 켜니 책을 읽을 마음이 절로 난다. 정겨운 등불 아래 서책을 펼치니 이제는 가고 없는 옛사람이 말을 걸어 온다. 처음 읽을 때는 보석처럼 찬란하게 다가와 눈이 부시게 하더니, 다시 앞으로 돌아와 거듭 읽어 가는 사이 점점 젖어들어 술과 고기보다 좋은 맛과 향이 마음 깊이 전해온다. 알 수 없는 매력에 이끌려 읽고 또 읽으면서 전에는 소홀히 지나치고 미처 보지 못했던 뜻을 깨닫고는 그 기쁨에 늙어 가는 것도 잊어버린다. 옛날 제환공齊桓公이 읽던 책을 이미 죽고 없는 옛사람의 찌꺼기일 뿐이라고 폄하했던 윤편자輪扁字의 말은 좁은 식견으로 성인을 모독한 것이다. 나는 옛것을 좋아하니 방안 가득 옛 책을 쌓아 놓고 하늘이 허락한 남은 생애 동안 책 향기에 취해 살다 마치려 한다.

이 시를 읽으면 독서가 바로 삶 자체였던 유자儒者의 모습을 볼 수가 있다. 전통 시대 유자는 바로 독서인이었다. 홍우원보다 조금 앞선 시기에 살았던 이식李植은 「자제들에게 주는 글示兒孫等」에서 다음과 같이 독서할 것을 제시하였는데, 이를 통해 당대의 독서 수준을 엿볼 수가 있다.

> 『시경詩經』과 『서경書經』은 대문大文 주석을 뺀 원문을 백 번 읽는다. 『논어論語』는 장구章句 주희의 주석와 함께 백 번까지 숙독한다. 『맹자孟子』는 대문을 백 번 읽는다. 『중용中庸』과 『대학大學』은 횟수를 제한하지 않고 아침저녁으로 돌아가며 계속 암송한다. 『통감강목通鑑綱目』과 『송문감宋文鑑』은 선생에게 한 번 배운 뒤 숙독하고 좋은 글귀가 있으면 한두 권 정도 베껴 놓고 수십 번 읽는다.

이식은 학문의 길에 이제 막 들어서는 어린 선비들이 밟아야 할 이상적인 공부의 과정을 보여 주었는데, 이는 기본 소양을 쌓기 위해 당대에는 누구나 거쳐야 하는 과정이었다.

이를 바탕으로 『소학小學』을 읽으며 가슴에 새겨 실천하고, 『주역周易』의 대문을 주희의 『역학계몽易學啓蒙』과 함께 읽고, 『춘추좌씨전春秋左氏傳』과 『춘추호씨전春秋胡氏傳』을 두어 번 읽는다. 이외에도 『예기禮記』, 『주자가례朱子家禮』 등을 연구하고, 『근사록近思錄』, 『성리대전性理大全』, 『성리군서性理群書』, 『심경心經』, 『이정전서二程全書』, 『주자전서朱子全書』 등의 성리서를 깊이 강론하여 체득하고 실천한다.

한편 한유韓愈·유종원柳宗元·소식蘇軾의 글을 비롯한 당송팔대가唐宋八大家의 문장, 『문선文選』, 사마천司馬遷과 반고班固의 사서史書, 순자荀子·한비자韓非子·노자老子·장자莊子·열자列子 등 제자백가의 글, 초사楚辭, 이백李白·두보杜甫·한유·소식蘇軾·황정견黃庭堅 등의 시, 사륙변려문四六騈儷文, 역대의 사서史書, 우리나라 사서史書 및 문집文集, 『경국대전經國大典』, 『국조전고國朝典故』 등을 섭렵하여 안목을 넓혔다.

홍우원이 방 안 가득 쌓아 놓은 책 역시 이러한 동양의 고전들을 망라한 것이었으리라. 수많은 책이 들려주는 이야기들을 홍우원은 삶 속에서 어떻게 받아들이고 소화하였을까?

참된 삶을 살기 위해 도서에 둘러싸여 여생을 보내고자 하였던 홍우원의 바람에 비추어 보면 나 자신이 부족하게만 느껴져 부끄러울 따름이다. 하지만 많은 책을 읽고 지식을 과시하는 것을 경계하고 책 한 권이라도 깊이 체득하고 배운 것을 실천하는 삶을 살리라 다짐해 본다.

변구일

상황에 맞게 대처해야

조임도

인은 송나라 양공을 배울 것 없고　爲仁莫學宋襄公
신의는 옛날 미생을 거론할 것 없다　存信寧論古尾生
중자의 청렴함과 섭씨 마을의 정직함까지　仲子之廉葉黨直
조롱당하며 천년토록 부질없는 이름만 남겼구나　貽譏千載謾留名

조임도趙任道, 1585~1664, 「부질없이 읊다謾述」, 『간송집澗松集』

조임도의 자는 덕용德勇, 호는 간송당澗松堂, 본관은 함안咸安이다. 구전苟全 김중청金中清, 여헌旅軒 장현광張顯光의 제자이다.

4줄짜리 짧은 절구絶句이지만, 많은 사람들이 등장한다. 공통점은 모두 원칙에만 얽매어 본말이 전도된 행동을 했던 사람들

이라는 것이다. 평생을 유가儒家의 학문을 익히고 살아온 시인으로서는 이런 행태들이 몹시도 마음에 들지 않았을 것이다.

전투의 가장 큰 목표는 일단 이기는 것이다. 애초에 싸움을 시작하지 않았다면 모를까, 싸움이 시작된 뒤에는 이기기 위해 최선을 다해야 한다. 송宋나라 양공襄公은 적이 침략해 오자, 전투 준비가 덜 된 적을 습격하는 것은 군자의 도리가 아니라고 하면서, 수차례나 적이 진열을 정비할 때까지 공격을 늦추었다가 대패하고, 그로 인해 병을 얻어 죽은 인물이다. 경우에 맞지 않게 베푸는 인정을 냉소적으로 표현한 송양지인宋襄之仁이라는 고사성어의 주인공이다. 이 고사는 『춘추좌씨전春秋左氏傳』에 나온다.

약속을 했다고 자신의 목숨까지 버려야 할까? 약속을 지키는 것이 아무리 큰 미덕이라고 해도, 노魯나라의 미생尾生처럼 다리 밑에서 만나자는 여자와의 약속을 지키기 위해 홍수로 물이 차오르는 데도 자리를 떠나지 않다가 물에 빠져 죽는 것은 어리석은 짓이다. 이는 『장자莊子』에 나오는 고사로, 미생지신尾生之信이라는 말이 여기에서 나왔다.

오릉於陵의 진중자陳仲子는 전국시대 제齊나라의 청렴한 선비이지만, 청렴결백이 지나쳐 인륜을 저버린 인물이었다. 모친이 주는 음식과 형의 저택을 의롭지 못하게 얻은 것이라고 거절하고, 오릉에 은거하며 자신은 짚신을 만들어 팔고 아내는 길쌈을 하며 살았다. 정의롭고 청빈한 생활을 하는 것처럼 보였으나, 맹자는 이것이 인륜을 저버린 행위라고 비난하였다.

초楚나라 섭현葉縣의 수령인 심제량沈諸梁이 공자에게 자기 고을에는 아버지가 도둑질한 것을 증언한 정직한 아들이 있다고 자랑했다가, 공자에게 빈축을 산 일이 있다. 부모가 죄를 지었을 때 자식이 숨겨 주고, 자식이 죄를 지었을 때 부모가 숨겨 주려고 하는 것이 인지상정이라고 보아서였다.

'인시제의因時制宜'라는 말이 있다. 그때그때 상황에 맞게 적절하게 변통한다는 뜻이다. 전통 시대에 엄격히 준수해야 하는 것으로 예禮만 한 것이 없다. 그럼에도 불구하고 예를 변용하는 것, 즉 변례變禮라는 것이 있었다. 원칙에 얽매여서 본질을 잃는 일이 있어서는 안 되기 때문에 생겨난 것이다.

호랑이는 죽어서 가죽을 남기고, 사람은 죽어서 이름을 남긴다고 한다. 후대에 이름을 남길 수 있다는 것은 그만큼 성공적인 삶을 살았다는 의미일 것이다. 그러나 남기는 이름이 꼭 아름다운 것만은 아니다. 때로는 영예롭지 못한 이름을 남겨 자신은 물론이고 자신의 자손들까지도 부끄러워 얼굴을 들 수 없게 만들기도 한다. 한세상 살고 가면서 그런 이름을 남기지는 말아야 하지 않을까?

권경열

생일을 자축하며

이숭인

오늘로 태어난 지	今朝吾以降
스물여섯 해	二十六青春
부모님 무탈하시니 참으로 기쁘고	父母樂無恙
형제간에 마음 맞아 더욱 친하네	弟兄心更親
훌륭한 덕행을 잘 닦기를 바랄 뿐	願修天爵貴
가난한 세상살이 두려워하지 않네	不怕世間貧
한 잔 가득 술을 채워	滿酌一杯酒
나를 위해 자축하리	還將慶此身

이숭인李崇仁, 1347~1392, 「생일을 자축하다自壽」, 『도은집陶隱集』

도은陶隱 이숭인은 고려 말기 성리학자로 부친 이원구李元具와 모친 언양 김씨彦陽金氏 사이에서 2남 3녀 중 장남으로 태어났다. 이 시는 자신의 26세 생일을 맞아 스스로 축하하는 내용이다. 아직까지 부모님이 아무 탈 없이 지내시는 것이 첫 번째 다행이고, 형제지간에 나이가 들면서 이해의 폭이 넓어져 더욱 정겹게 느껴지는 것이 두 번째 다행이다. 인의충신과 선을 좋아하는 귀한 마음은 하늘이 내린 벼슬로 세속의 벼슬과는 비교할 대상이 아니다. 하늘이 내린 벼슬을 잘 닦을 수 있다면 가난을 견디는 것쯤은 두렵지 않다. 감사한 일이 많다는 생각과 소중한 가치를 잘 지켜 왔다는 자부심에 술잔에 술을 따라 생일을 자축한다.

원문의 천작天爵은 하늘이 내린 벼슬이란 뜻으로, 남으로부터 존경을 받을 만한 훌륭한 덕행을 이르는 말이다. 『맹자』「고자상告子上」에 "인의충신과 선을 좋아하여 게을리하지 않는 것이 천작이요, 공경대부와 같은 것은 인작이다.仁義忠信 樂善不倦 此天爵也 公卿大夫 此人爵也"라고 한 데서 나왔다. 요즘으로 치면, 바른 생각을 가지고 성실하게 살아가는 것이 천작이요, 남들이 부러워하는 직장에 다니는 것이 인작이라고 할 수 있겠다.

예전 선비들은 가난을 비교적 쉽게 받아들일 수 있었던 모양이다. 조금 주리고, 조금 허름하게 입어서라도 내가 좋아하는 공부를 할 수 있다면 굳이 소신을 버려 가며 벼슬을 할 이유가 없었다. 가난으로 인한 고통이 없을 수는 없었겠지만 그렇게 살 수 있었던 데에는 가난하다는 이유만으로 무시당하는 일도 적고,

오히려 가난이 학식과 인품을 돋보이게 하는 요소가 되기도 한 사회 분위기 탓도 있었으리라.

오늘날은 경제력이 없으면 가족은 물론이고 나와 상관없는 사람들까지도 곱지 않은 시선으로 본다. 남의 시선은 둘째 치더라도 의식주가 해결되지 않으니, 걱정이 이만저만이 아니다. 바른 마음으로 열심히 살아왔는데도 길이 보이지 않아 슬퍼진다. 불투명한 미래, 경제적 어려움, 취업 고민 등으로 삶의 무게가 무겁다고 느끼는 젊은이가 많다. 출발선상에서부터 불공정한 게임을 한다는 뜻에서 흙수저라는 말이 생겼고, 개천에서 용 난다는 말은 이제 옛말이 되었다. 심지어 다음 생에는 무생물인 돌로 태어나고 싶다고 하는 젊은이도 있다. 열심히 하면 성공할 거라 믿고 열심히 살아왔지만 열심히 사는 것만으로는 원하는 것을 얻을 수 없다는 것을 뼈저리게 느끼며 점점 더 의기소침해지는 듯하다.

하지만 인작이 마음처럼 되지 않는 현실이 갑갑하더라도 천작을 지향하는 뜻을 분명히 세우고 주눅 들지 않았으면 좋겠다. 600여 년 전 젊은이 도은이 그랬던 것처럼 천작을 닦아 온 자신을 스스로 격려해 주고 그 위에서 다시 힘을 냈으면 좋겠다. 천작을 잘 닦은 이가 인작도 얻을 수 있는 사회, 노력한 사람이면 누구나 제 자리에서 인정받고 존중받는 그런 사회를 이룰 수 있도록 사회 구성원 모두가 고민해야 할 것이다.

하승현

구태여 설산雪山에서 고행할 것 뭐 있겠나

이진상

남 알 땐 쉬워도 나만 알 땐 어려우니　　人知猶易獨知難
생각 한 번 하는 사이에 별별 일들 다 일어난다　　雷雨雲星一念間
방에 홀로 있을 때에도 떳떳할 수 있다면　　如令屋漏常無愧
구태여 설산에서 고행할 것 뭐 있겠나　　苦行何須入雪山

이진상李震相, 1818~1886, 「홀로일 때 삼가다謹獨」, 『한주집寒洲集』

조선 말기의 유학자 이진상은 57세인 1874년 겨울, 책을 들고 제자들과 함께 가야산 아래 있는 만귀정晩歸亭으로 들어간다. 그곳에서 고요하게 지내면서 전에 배운 학문을 다시 익히고 여러 제자를 가르쳤다. 이 시는 이 시기에 지은 작품이다.

우리는 흔히 나 혼자 있을 때는 아무 문제가 없는데 사람들과 함께 있으면 어려움을 겪는다고 생각한다. 물론 혼자 있을 때는 다른 사람과 부딪치는 일이 없으니 언뜻 보면 편안해 보일 수 있다. 그러나 저자는 오히려 남 앞에서 문제없기는 쉬워도 자기만 아는 데서 문제없기는 어렵다고 말한다. 남 앞에서는 타인을 의식하면서 조심하게 되지만 나만 아는 곳에서는 '누구 보는 사람도 없는데 아무러면 어때?' 하는 마음이 생기기 쉽기 때문이다.

특히 머릿속에서 이는 생각들을 조심하는 것은 더욱 어렵다. 한순간에 번개도 치고, 비도 내리고, 구름도 끼고, 별도 뜨는 것과 같은 변화무쌍한 생각들을 떨어져서 지켜보며 잘 다스려야 한다.

아무 일 없을 때 일어나는 생각을 다스리기도 쉽지 않거니와 자신의 분명한 잘못에 대한 생각을 다스리는 것 역시 쉽지는 않다. 내 잘못을 있는 그대로 인정하고 반성하기만 해도 마음이 편안해질 수 있는데, 잘못을 인정하기 싫어 이런저런 핑계를 대거나 남들을 원망하는 데 힘을 쓰면 자기는 자기대로 남은 남대로 괴로워진다. 이러다 보면 수많은 생각들로 뒤엉켜, 내 마음인데도 내가 알 수 없는 상태가 되고 만다.

'나만 아는 일'을 잘해 내기란 참으로 어렵다. 자기만 아는 일들을 어떻게 관리하느냐에 따라 그 사람의 인품이 정해진다. 선인들이 항상 홀로일 때 삼가라고 했던 이유다. 저자는 누가 보든 안 보든 부끄럽지 않게 행동할 수 있다면, 그곳이 바로 내 마음을 수행하는 도량道場이 될 것이라 말한다. 지금 이 자리, 내 마음을 지켜보는 곳이 도량이니, 도 닦자고 구태여 히말라야까지 갈 이유가 없다는 것이다.

하승현

마음을 쉬는 것이 약보다 낫네

이색

이미 지나간 아주 작은 일들도	往事細如毛
꿈속에선 선명하게 생각이 나네	明明夢中記
건망증 고쳐 준 사람 창을 들고 쫓아냈다는	操戈欲逐儒
이 말에 참으로 일리가 있네	此言殊有理
아내를 놔두고 이사를 했다는 것도	徙室或忘妻
우연히 한 말만은 아닐 것이네	非徒偶語爾
몇 년간 병든 채로 지내온 지금	一病今幾年
생각을 내려놓는 것이 약보다 낫네	息機勝藥餌

이색李穡, 1328~1396, 「생각을 내려놓다息機」, 『목은고牧隱藁』

학교를 졸업하고 한참이 지난 후까지도 꿈속에서는 여전히 제한된 시간 안에 시험 문제를 못 풀어 쩔쩔맸던 기억이 있다. 바로 잊혀져도 괜찮을 기억들이 오래 남아 꿈속에까지 나타나는 것을 보면 우리의 기억 장치는 나의 의지와는 별 상관없이 작동하는 것 같다.

건망증을 고쳐준 사람을 창을 들고 쫓아냈다는 이야기는 『열자列子』 「주목왕周穆王」에 나온다. 송宋나라 양리陽里에 화자華子라는 사람이 살았는데, 중년에 건망증이 생겨 아침에 있었던 일을 저녁이면 잊고 저녁에 있었던 일을 아침이면 잊었다. 길을 가다가는 걷는 것을 잊었고 방 안에서는 앉는 것을 잊었다. 조금 전에 일어났던 일을 지금 모르고 지금 일어나는 일을 조금 지난 후엔 몰랐다. 그때 노魯나라의 한 선비가 화자의 마음과 생각을 변화시키는 비방을 써서 하루아침에 그의 병을 고쳐 주었다. 그런데 화자는 막상 기억력을 되찾자 크게 노하여 처를 내쫓고 자식들을 벌주고 창을 들고 달려가 선비를 쫓아 보냈다. 건망증이 있었을 때에는 천지天地가 있는지 없는지조차 몰랐는데, 갑자기 기억이 돌아와 지난 수십 년 동안 얽히고설킨 복잡한 생각과 감정이 일어나게 했다는 이유에서였다.

알면 복잡해지고 복잡해지면 괴로운 세상, 모르고 사는 게 약이었는데 그런 맘은 모른 채 병을 고친다며 번뇌의 바다에 다시 빠뜨렸으니 분하고 분하다는 이야기이다.

아내를 놔두고 이사했다는 이야기는 『공자가어孔子家語』 「현군賢君」에 나온다. 노나라 애공哀公이 공자에게 건망증이 심한 사람은 이사하면서 처를 데려오는 것도 잊는다고 하는데 그게 사실이냐고 묻자, 공자는 그건 심하다고도 할 수 없으며 정말 심한 경우는 걸왕桀王처럼 자기 자신을 망각하는 것이라고 답한다. 자신을 망각하는 것에 비하면 아내를 두고 이사하는 정도는 건망증 축에도 못 낀다는 말로 도리를 망각하고 처신을 잘못하는 것을 강하게 경계한 것이다.

이즈음 목은 선생은 많은 생각으로 마음이 산란해지는 괴로움을 겪었던 것 같다. 건망증을 고쳐 준 사람에게 창을 휘두른 일도 이해가 간다고 하고, 아내를 놔두고 이사한 것에 대해서도 그런 정도의 건망증은 있을 수도 있는 일이 아닐까 생각한다. 이렇게 자신도 생각을 잊고 싶다는 마음을 은근히 내비치고 나서, 생각이 많은 것이 원인이 되어 생긴 병에는 생각을 쉬는 것이 그 어떤 약보다도 낫다고 처방한다.

생각이 지나치게 복잡하다 싶을 때에는 생각을 쉬는 것보다 좋은 보약이 없다. 옳으니 그르니, 이로우니 해로우니, 나니 너니, 좋으니 싫으니를 따지는 마음을 내려놓고 정신을 온전히 쉬도록 하라야 그 바탕 위에서 시비와 이해와 관계와 지향에 대한 바른 판단이 자연스레 나올 수 있으니 말이다.

하승현

물고기 뛰어오르고 솔개는 날아오르고

이이

물고기 뛰고 솔개 나니 위아래가 한 이치	魚躍鳶飛上下同
이러한 경계는 색도 아니고 공도 아니네	這般非色亦非空
무심히 미소를 머금고 내 자리를 돌아보니	等閒一笑看身世
해 질 녘 숲속에 홀로 서 있네	獨立斜陽萬木中

이이李珥, 1536~1584, 「풍악산 작은 암자에서 노승에게 주다. 서문도 함께 싣다楓嶽贈小菴老僧 幷序」, 『율곡전서栗谷全書』

율곡 이이가 풍악산에 구경 갔을 때 작은 암자에서 노승을 만나 진리의 요체에 대해 대화하고 나서 그에게 적어 준 시이다. 서문에는 이 시를 짓게 된 배경이 적혀 있다.

……

율곡 "불가佛家에서 묘처妙處라고 하는 것은 유가 안에도 있는 것이오. 그러니 유가를 버리고 불가에서 구할 게 뭐 있겠소?"

노승 "유가에도 '마음이 곧 부처다.'라는 말이 있소?"

율곡 "맹자가 성선性善을 얘기할 때마다 반드시 요순堯舜을 들어 말한 것이 '마음이 곧 부처다.'라는 것과 무엇이 다르겠소? 다만 우리 유가에서는 실리實理를 볼 뿐이오."

노승 (중은 수긍하지 않았다. 그리고 한참 있다가 말했다.) "색色도 아니고 공空도 아니라는 말이 무슨 뜻이오?"

율곡 "이것 또한 눈앞의 경계요."

노승 (빙그레 웃었다.)

율곡 "'솔개는 날아서 하늘에 이르고 물고기는 연못에서 뛰어오른다.'라는 말이 있는데, 이것이 색이오, 공이오?"

노승 "색도 아니고 공도 아닌 것, 그것이 진여眞如의 본체요. 이런 시와 비교나 되겠소?"

율곡 (웃으며 말했다.) "말이 있게 되면 바로 경계가 생기는 것인데, 어찌 그것을 본체라 할 수 있겠소? 만약 그렇다면 유가의 묘처는 말로써 전할 수 없는 데 있는데, 부처의 도道는 문자 너머에 있지 않은 것이 될 것이오."

노승 (깜짝 놀라서 나의 손을 잡으며 말했다.) "당신은 속된 선비가 아니오. 나를 위해 시를 지어서, 솔개가 날고 물고기가 뛰는 글귀의 뜻을 풀이해 주시오."

이 시는 이런 만남을 통해 탄생했다.

첫 구의 물고기가 뛰고 솔개가 난다는 것은 『시경』「대아大雅 한록旱麓」에 "솔개는 하늘까지 날아오르고, 물고기는 연못에서 뛰어오른다."라는 말에서 취한 것으로, 천지 사이에 만물이 생동하는 이치가 드러나는 것을 형상화한 말이다. 색과 공은 불교 용어이다. 색은 물질적인 형체가 있는 모든 존재를 말하며 공은 불변하는 우주 만물의 본체를 말한다.

물고기가 뛰고 솔개가 나는 것을 색이라 하겠는가? 공이라 하겠는가? 노승이 진여의 본체라고 한 "색도 아니고 공도 아닌 것"은 달리 말하면 "색이기도 하고 공이기도 하다."라는 뜻도 될 것이고, "색이면서 공이고 공이면서 색이다."라는 뜻도 될 것이다. 율곡은 '솔개는 날아서 하늘에 이르고 물고기는 연못에서 뛰어오른다'는 말로 문자 너머에 있는 생동하는 우주의 이치를 전한다. 그리고 시선을 돌려 자신을 바라본다. 자신이 지금 존재하는 곳은 노을이 비끼는 숲속이다.

하승현

물에 비친 달

안정복

물에 비친 달그림자 실체가 없건마는	水月無定象
헛된 그림자에 속기도 쉬운 일이네	虛影易欺人
모르는구나. 밝게 빛나는 본체란	不識光明體
푸른 하늘에 뜬 밝은 수레바퀴인 것을	靑天轉素輪

안정복安鼎福, 1712~1791,「물에 비친 달을 읊다水月吟」,『순암집順菴集』

순암順菴 안정복은 18세기의 대표적 실학자이다. 그는 스승 성호 이익李瀷의 경세치용經世致用 학풍을 이어받아 역사학 분야에서 실증주의적 연구를 통해 많은 업적을 남겼다.

시인은 물에 비친 달을 바라보며 생각에 잠긴다. 그리고 물속

에서 흔들리며 이지러지는 달은 밝은 하늘에 있는 달의 그림자일 뿐인데도, 사람들은 그것이 달이라고 착각하기 쉽다고 말한다. 있는 그대로의 실상을 보지 못하고, 가변적인 허상에 속는 것을 경계하고 있다.

당唐나라 시인 이백李白은 술에 취해 채석강采石江에 비친 달 그림자를 움키려다가 빠져 죽었으니, 허상에 속은 것이다. 그런 그의 죽음을 두고 고래를 타고 신선이 되어 하늘로 올라갔다고들 하는데, 그 말을 믿는 사람들 또한 속고 있는 것이다.

실상을 제대로 보지 못하면 속는 것인데도 있는 그대로의 실상을 보기가 쉽지 않다. 실상이라는 것이 푸른 하늘에 뜬 달처럼 늘 밝게 빛나는 것만은 아니기에 있는 그대로 보려 하면 고통스러워지기 때문이다. 천재적인 시인의 허망한 죽음을 받아들이기 어려웠던 사람들은 이백의 죽음을 두고 이야기를 꾸며내고, 그것이 사실이 아닌 줄 알면서도 믿고 싶어 한다. 실상을 바로 보는 데서 생기는 고통을 피하기 위해 고개를 돌리는 쪽을 선택하는 것이다.

실상을 바로 보고자 할 때 우리는 선택의 기로에 놓인다.

'속을 것인가? 아플 것인가?'

'있는 그대로'를 바라보는 데에도 대단한 용기가 필요할 수 있다. 실상을 보고서 정신적 충격을 받을 수도 있고, 자신이 가진 것을 내놓아야 할 수도 있으며, 금기를 범했다는 이유로 위험에 처할 수도 있기 때문이다. 그러다 보니 실상을 바로 보아서 생기는 고통과 불편함을 피하기 위해 우리는 의식적으로 실상을 앞에 두고도 고개를 돌리곤 한다. 내 고통과 불편이 아닐 뿐 누군가의 고통과 불편임을 알면서도, 관심을 더하면 문제 해결에 도움이 될 수 있는 것을 알면서도, '남'의 일로 인해 내가 불편해지기를 원치 않는다.

그러나 결국 해결되지 않은 남의 일은 돌고 돌아 내 앞에 찾아온다. 그 후 '왜 내게 이런 일이?'라고 반문하고, '아무도 내 고통에 관심이 없다.'라고 푸념하지만 어쩌면 남의 고통을 외면할 때부터 이미 나의 고통은 축적되고 있었을지도 모른다.

이 시는 한평생 '있는 그대로'를 추구했던 순암이 가짜에 속는 데서 오는 편안함을 얻으려 하지 말고, 고통 속에서도 실상을 바로 보려는 '용기 있는 선택'을 하라고 권하고 있는 듯하다.

하승현

섣달 그믐날 밤 느낌이 일어

조현명

내 나이 어느새 오십 하고 또 다섯 　　我齒居然五五春
세월을 붙잡으려 해도 어찌할 도리 없네 　　年光欲挽奈無因
평소에 가는 세월 오늘처럼 아꼈다면 　　常時惜日如今日
분명코 지금의 이런 모습 아닐 텐데 　　未必徒爲此樣人

조현명趙顯命, 1691~1752,「섣달 그믐날 느낌이 일어 읊다除夕感吟」,『귀록집歸鹿集』

한 해가 시작될 때 우리는 많은 계획을 세우고 앞날에 대한 희망찬 걸음을 내딛는다. 그러나 연말이 되면 거의 모든 사람들이 지난 한 해를 돌아보며 후회를 하곤 한다. 그런데 계획과 후회를

반복하기는 선조들도 우리와 별반 다르지 않았던 것 같다.

이 시는 조선 후기 영조 시대에 영의정의 지위에까지 올랐던 조현명이 우의정을 지내던 55세에 한 해를 보내며 지은 것이다. 그는 23세에 진사시에 합격하였고 29세에 문과에 급제하였으며, 이후 대사성, 대사헌, 한성 판윤, 예조 판서, 이조 판서 등의 요직을 두루 거쳤다. 높은 지위에 오른 그도 한 해를 보내면서 지나온 세월을 아끼지 않은 것을 깊이 후회하고 있다.

우리는 생각이 없던 어린 시절을 제외하고는, 나이의 숫자만큼 후회를 더하는 연말을 보내 왔다. 늘 연말이 되면 시인의 말과 같이 지난 세월을 오늘처럼 아꼈으면 좋았을 걸 하며 후회를 하곤 한다. 하지만 지난날은 이제 돌이킬 수 없다. 그런데 지난날에 대한 회상은 잠시 묻어 두고 꼭 1년 뒤의 오늘을 미리 상상해 보자. 오늘과 똑같은 후회를 하지 않을 수 있을까?

지난날을 돌아보고 반성하는 일은 연말 그것도 12월 31일에만 할 수 있는 것은 아니다. 1월에도 할 수 있고, 3월에도 할 수 있는 일이다. 그리고 날을 잡아서만 할 수 있는 것도 아니다. 매일 매일도 가능한 일이다. 그런데 우리는 꼭 한 해의 마지막 날에 몰아서 한 해의 일을 반성한다. 그리고 새해가 되면 또 지난해와 별반 다를 바 없는 생활을 이어 간다. 공자孔子의 제자인 증자曾子는 매일 다음의 세 가지로 자신을 돌이켜 반성하였다고 한다.

첫째, 남을 위하여 행한 일에 성심을 다하였는가?

둘째, 벗들과 교류하면서 성실하였던가?

셋째, 전수받은 학문을 복습하여 실천하였던가?

증자는 공자의 여러 제자 중에 영민하다는 평가를 받았던 인물은 아니다. 오히려 둔하다는 평가를 받기까지 하였다. 그러나 성실함으로 인해 결국 공자의 도道를 이은 사람이 되었다.

지난 일을 돌이켜 보는 것은 지난 일을 거울삼아, 현재 또는 미래에 더 나은 삶을 사는 데에 그 의의가 있다. 역사를 쓰는 마음으로 지난날을 돌이켜 보고 내일을 계획한다면 하루하루를 신중하게 보내지 않을 수 없을 것이다.

한 해가 시작되면 우리는 어김없이 연말을 향해 시계를 돌리게 된다. 나이가 많건 적건, 재산이 많건 적건, 업무가 많건 적건 간에 누구에게나 똑같은 양의 시간이 주어진다. 그러나 어떻게 활용하느냐에 따라 누구에게는 알찬 시간이 될 것이고, 누구에게는 부질없이 허비한 시간이 될 것이다. 하루하루를 섣달 그믐날 한 해를 돌이켜 보는 마음으로 살아간다면, 내년의 오늘은 분명 지금의 오늘과는 다를 것이다.

이정원

나라를 잘 다스리는 방법을 알고자 하는가 治國欲知何以善

기미를 잘 살펴 어진 신하를 등용해야 하네 幾微深察任賢臣

제 4 장

위정

爲政

황금 상자 속의 거울

이규보

당 현종이 태평성대를 거의 이루었던 것은　　開元幾致太平期
허심탄회하게 간언을 받아들였기 때문이네　　總爲虛懷納諫詞
황금 상자를 끝까지 두고 거울로 삼았던들　　若置金函長鑑戒
행차가 어찌 서촉西蜀에까지 이르렀겠나　　翠華爭肯幸峨嵋

이규보李奎報, 1168~1241, 「개원천보영사시開元天寶詠史詩 금함金函」, 『동국이상국집東國李相國集』

당나라 예종睿宗을 이어 즉위한 현종玄宗은 연호를 '개원開元'이라 고친 뒤에 요숭姚崇, 송경宋璟, 장구령張九齡과 같은 어진 인재를 재상으로 등용하여 측천무후則天武后의 실정失政으로 어

지러워졌던 국가를 다시 안정시키고 30년 동안 태평성대를 이끌었다. 이것이 바로 역사에서 말하는 '개원지치開元之治'이다. 개원 연간에 현종은 나라를 다스리면서 자신의 잘못을 지적하는 신하의 상소가 올라오면, 그 가운데 긴요한 것을 골라 황금으로 장식한 상자 속에 넣어 두고 수시로 꺼내 읽으며 자신을 채찍질하였다고 한다. 이것이 현종이 나라를 잘 다스릴 수 있었던 방법이었다.

하지만 즉위한 지 30년 만에 연호를 '천보天寶'로 바꾼 뒤로는 양귀비楊貴妃에 빠져 방탕한 생활을 하며 국정을 게을리하기 시작하였다. 이 틈을 타서 이임보李林甫, 양국충楊國忠과 같은 간신들이 국정을 농간하더니, 결국 양귀비의 양자가 되어 현종의 총애를 받던 절도사節度使 안녹산安祿山이 난을 일으켜 순식간에 장안長安을 점령하였다. 이에 현종은 목숨만 부지한 채 지금의 중국 성도成都인 서촉西蜀으로 허둥지둥 피난하였고, 국가는 파탄 지경에 이르렀다.

이 시는 고려 시대의 대표적인 문인 이규보가 당나라 현종의 역사를 소재로 지은 것이다. 현종이 '개원지치'를 이룰 수 있었던 것은 자신의 잘못을 지적하는 신하의 간언을 허심탄회하게 받아들여 귀감으로 삼아 잘못을 고칠 수 있었기 때문이었고, 실패하여 서촉으로 쫓겨나게 되었던 것은 간언을 받아들이지 않았기 때문이라는 것이다. 이 시에 나오는 '감계鑑戒'라는 말은 일의 성패나 잘잘못을 거울로 삼아 자신을 경계한다는 의미이다. '성공과 잘한 일'보다는 '실패와 잘못'에 방점이 찍혀 있는 말이다.

사람은 자신의 실패와 잘못을 인정하기 어려워한다. 개인뿐만이 아니라 국가도 마찬가지다. 한 나라가 자신의 역사에서 성공하고 잘한 행위만을 내세우고, 패배와 잘못을 시인하지 않는다면 자국의 발전은 물론, 다른 나라와의 관계에서도 좋지 않은 결과를 초래할 것이다. 역사는 과거의 성공을 자부하고 안주하는 데서 발전하기보다는 과거의 잘못을 통렬히 반성하고 고치는 데서 발전하기 때문이다.

양기정

역사의 현장에서

정몽주

황금 대전 위에 앉아 옷을 늘어뜨렸으면 黃金殿上坐垂衣
백전노장 영웅심은 지니지 말았어야지 百戰雄心不自持
당 태종이 친히 출정하던 날을 떠올려 보니 想見太宗親駕日
풍부가 수레에서 내리던 때와 한가지일세 宛如馮婦下車時

정몽주鄭夢周, 1337~1392, 「안시성에서 회고하다安市城懷古」, 『포은집圃隱集』

고려 말의 충신 정몽주가 명明나라에 사신으로 가면서 고구려의 유적인 안시성安市城에 들렀을 때 지은 시이다. 정몽주의 자는 달가達可, 호는 포은圃隱이다. 동방 이학理學의 조종祖宗이라 불릴 만큼 존경받는 유학자였고, 시인이었다. 시호는 문충文忠

光緒庚辰秋八月下澣
題于員船館 英植

이다.

안시성은 고구려의 보장왕寶藏王 4년645에 양만춘楊萬春 장군이 당唐나라의 대군을 물리친 곳이다. 안시성 전투는 고구려를 복종시키기 위해 당나라 태종太宗이 직접 출전했던 전투이다. 처음에는 승승장구 파죽지세로 진군을 했으나 안시성은 쉽게 함락되지 않았다. 양 장군의 지휘 아래 성안의 백성들과 군사들이 하나로 뭉쳐 지키고 있었기 때문이다. 장기간 지지부진한 대치 국면이 이어지다가, 날씨가 추워지고 군량이 다하자 당나라 군대는 마침내 포위를 풀고 퇴각할 수밖에 없었다. 양만춘이 성 위에서 송별의 예를 갖추자, 태종이 그에게 명주 100필을 주면서 노고와 충성을 치하하였다고 한다.

고려의 국운이 나날이 쇠해 가던 때였다. 원元나라의 부마국駙馬國으로 전락하였다가, 명나라가 중원의 새로운 강국으로 부상하자 고려는 이제 두 나라 사이에서 줄타기를 해야 하는 신세가 되었다. 조정에서도 어느 나라와 친하게 지낼 것인가를 두고 연일 격론을 벌이고 있었다.

이러한 때에 시인이 마침 이곳을 지나가게 되었다. 풍전등화의 위기에서 나라를 구했던 안시성 영웅들의 용감했던 기상을 떠올리며, 감격에 겨운 시를 짓지 않을 수 없었다. 사대事大를 위해 사신을 보낼 수밖에 없는 고려의 현실이 겹치면서, 시인은 자신도 모르게 속마음을 직설적으로 토로하였다. 공연한 욕심을 부려 무리한 정벌을 감행했던 태종을 '풍부馮婦'라는 역사 속 인물에 비유하며 한껏 조롱하였다.

풍부는 『맹자』에 나오는 인물이다. 그는 한때 호랑이를 잘 때려잡는 것으로 명성이 있었는데, 나중에는 학업을 닦고 덕행을 쌓아 훌륭한 선비가 되었다. 어느 날 길을 가다가 사나운 호랑이가 사람들을 위협하는 것을 보고 자신도 모르게 수레에서 내려 호랑이를 때려잡으려고 달려들었다. 이때 그곳에 있던 사람들은 열광하였지만, 소식을 전해 들은 지식인들은 그의 행위를 비웃었다.

왜 그랬던 것일까? 지위나 신분이 변했으면 그에 걸맞은 처신을 해야 하는데도, 그렇게 하지 못했기 때문이었다. 제 버릇 개 못 준다는 말처럼, 여전히 옛날의 무모한 습성이 변하지 않고 은연중에 나타난 것을 비웃은 것이다.

이 시는 역사의 현장에서 감회를 읊은 것에 불과한 것이지만, 공교롭게도 훗날 이성계李成桂가 무리하게 권력을 노리는 것을 예견한 것처럼 들리기도 한다. 북방의 오랑캐들을 물리칠 때처럼 무력을 앞세우며 조정을 핍박하는 이성계가 시인의 눈에는 풍부로 보였을지도 모른다. 실제로 시인은 이성계의 세력이 강성해지자 이 일파를 제거하려 했으나 뜻을 이루지 못하였다. 그리고 결국 선죽교善竹橋에서 이방원李芳遠의 부하 조영규趙英珪 등에게 격살당하였다.

권경열

둥지 잃은 참새

권필

참새가 왜 저리 파닥거리는가	黃雀何翩翩
마른 갈대에 둥지 틀더니	寄巢枯葦枝
강가에 바람 세차게 불어오자	江天喟然風
갈대 꺾이고 둥지마저 쓰러졌구나	葦折巢仍欹
둥지 부서진 거야 아까울 것 없지만	巢破不足惜
알이 깨진 건 참으로 슬프구나	卵破良可悲
암수 날아다니며 우짖지만	雄雌飛且鳴
해 저물어도 깃들 곳 없네	日夕無所依
그대여, 저 참새를 보게나	君看彼黃雀
세상 이치 미루어 알 수 있나니	物理因可推
둥지 튼 것이 어찌 튼튼하지 않았겠는가	結巢豈不固

둥지 튼 곳이 마땅치 않아서지 所託非其宜

권필權韠, 1569~1612, 「감회感懷」, 『석주집石洲集』

권필은 자유분방한 성격으로 조선 중기의 잘못된 사회상을 비판하고 풍자한 시를 다수 남긴 시인이다. 호는 석주石洲, 자는 여장汝章으로 경세經世에 대한 포부를 안고 과거를 준비해 1587년 19세의 나이로 과거의 초시初試와 복시覆試에서 장원을 하였으나 글자 하나를 잘못 쓴 것이 밝혀져 합격이 취소되었다. 이후 1591년 왕세자 책봉을 둘러싸고 일어났던 신묘당사辛卯黨事로 서인西人들이 실각하고 동인東人들이 득세한 후 벼슬에 대한 미련을 버렸다.

권필이 과거를 포기하게 된 결정적 이유는 정철鄭澈을 포함한 서인의 실각과 동인의 득세에 있다. 아버지 습재習齋 권벽權擘은 율곡栗谷 이이李珥의 천거로 두 차례 벼슬에 오른 적이 있는 서인이었고, 권필 자신도 평소 정철과 성혼成渾, 박순朴淳, 조헌趙憲, 고경명高敬命 등 서인의 중심 인물들을 깊이 존경하고 있었다. 따라서 서인이 세력을 잃는 것은 권필의 정치 기반이 몰락하는 것을 의미했다. 자신이 존경하는 인물들을 모함하여 정계에서 축출하고 정권을 장악한 동인들에 대한 혐오감이 정치 전반에 대한 강한 불신과 불만으로 이어졌던 것이다.

권필은 그의 시에서 당시 지배층에 대한 강한 분노를 표출했다. 그리고 광해군 때 외척의 전횡을 풍자한 「궁류시宮柳詩」를 지었다가 결국 필화筆禍로 목숨을 잃었다. 위의 「감회感懷」 시에서도 그의 비판적 시작詩作 태도를 잘 볼 수 있다.

위 시는 「감회」 3수 중 제2수인데, 제1수에는 임진왜란 당시의 비극적 상황이 시를 짓게 된 동기였음이 나타나 있다. 삶의 터전인 둥지와 목숨 같은 새끼를 잃은 채 울부짖으며 주위를 맴도는 참새는, 바로 왜적의 침입으로 도성과 백성을 버리고 몽진蒙塵해야 했던 임금 선조宣祖와 지배층에게 버림받고 삶의 터전마저 짓밟힌 채 고통받고 있던 조선 백성의 모습인 것이다.

무엇이 그러한 상황을 초래한 것일까? 마지막 네 구에서 그 총체적 난국의 책임 소재가 드러난다. 그것은 둥지 자체의 견고함과는 무관했다. 굳게 지켜줄 것으로 믿고 의지하며 둥지를 튼 곳이 마른 갈대였기 때문에 발생한 일이었다. 이는 국가 안위와 민생을 책임지지 못한 지배층에게 난국의 책임이 있음을 비유한다.

16세기 조선 시대는 '둥지를 틀 곳'에 대한 선택이 임금 한 사람에게 달려 있었다면 21세기 현대는 그 선택에 대한 권리와 책임이 우리 모두에게 있다. 난국을 초래하는 것도 그 난국을 타개하는 것도 우리 스스로 결정하는 시대다. 그리고 그 모든 권리는 희생을 통해 얻어진 것이다. 우리에게 주어진 소중한 권리와 책임을 값지게 활용할 줄 아는 지혜가 필요하다.

장미경

칼 짚고 성에 올라

정문부

칼 짚고 만리성에 올라서서 倚劍登臨萬里城
용 삶고, 봉 굽고, 고래 회쳐 烹龍炮鳳膾長鯨
저 푸른 바닷물을 한 잔 술 삼아 滄溟水作一杯酒
이 가슴속에 부어 볼까나 倒向將軍胸裡傾

정문부鄭文孚, 1565~1624,「온성에 올라到穩城」,『농포집農圃集』

이 시는 임진왜란 중 현직 관료로서 의병 활동을 펼쳤던 정문부의 작품이다. 정문부는 조선 중기의 문신·의병장으로 본관은 해주海州, 자는 자허子虛, 호는 농포農圃이다. 1588년 24세에 문과에 갑과로 급제하여 한성부 참군이 되었고, 임진왜란이 발발하

기 전해인 1591년 함경북도 병마평사에 임명되어 북도의 여러 진鎭을 순찰하였다. 그가 본격적으로 의병 활동을 시작한 것은 임진년 9월 16일 의병을 이끌고 경성鏡城에 들어간 때부터이다. 성에 들어간 지 3일 만인 9월 19일 길주吉州에 주둔하고 있는 왜병을 대파한 것을 시작으로, 장평長坪·임명臨溟·단천端川·백탑白塔에서 승전하고 육진六鎭을 평정함으로써 관북 지방을 완전히 회복하였다. 그러나 정문부의 공로를 시기했던 감사 윤탁연尹卓然의 무고로 자신이 세운 공적을 남에게 가로채이고 영흥永興 부사로 떠나게 된다.

이 시는 영흥 부사를 거쳐 온성으로 부임했을 때 지은 것으로 추정된다. 성에 올라 눈앞에 펼쳐진 바다를 바라본 순간 분출된 격정을 표현하였다. 거대한 파도에 압도당하지 않는다. 특히 '고래長鯨'는 '큰 도적巨寇'을 비유하는 시어로, 당시 전쟁을 일으켜 분탕질을 치고 있던 왜적을 가리킨다. 고래를 회쳐 안주로 삼고 푸른 바닷물을 한 잔 술로 들이마시겠다고 한 호언豪言은 장수로서 왜적 소탕을 자신하는 담대한 기개와 포부를 드러내 보여준다.

이는 왜적과 대치한 상황에서 실전實戰 경험을 지닌 장수만이 할 수 있는 패기 넘치는 발언이다. 격앙된 시인의 심장 박동이 들릴 듯 생동감이 넘친다. 그러나 정문부의 작품 중 이처럼 장수로서의 면모를 읽을 수 있는 것은 매우 드물다. 정문부는 난세 속에서 자신의 기량을 발휘해 누구보다도 혁혁한 전과를 세웠

으나 자신의 공로를 제대로 평가받지 못한 채 변방을 전전하며 지내야 했고 이보다 더 비극적인 죽음을 맞았다.

정문부는 1624년 10월 박홍구朴弘耉 등의 역모에 연좌되어 체포되었다가 결백이 밝혀질 무렵 창원 부사昌原府使 시절 지은 영사시詠史詩 「초회왕楚懷王」이 빌미가 되어 문초를 받다 죽고 만다. 이식李植과 조익趙翼이 문초관이 되어 재판관에게 "이것은 시인이 역사를 읊은 작품일 뿐, 무슨 다른 뜻을 내포한 것도 아닌데 어찌 이 시로 이 사람을 죄줄 수 있겠는가?" 항변했으나 받아들여지지 않았다. 훗날에 가서야 대신들이 그 시를 반복해 읽어 보아도 의심스러운 점을 찾을 수 없다고 상소해 억울한 누명을 벗고 신원되어 1666년현종7 5월 우찬성에 추증될 수 있었다.

28살의 젊은 나이에 기량을 펼칠 수 있는 좋은 기회를 만나 최고의 성과를 올렸지만, 무고에 의한 희생과 억울한 죽음을 당한 그가 세상을 떠나기 전 두 아들에게 남긴, "벼슬을 구하지 말고 남쪽 지방 진주晉州에 가서 살거라."라는 유언은 지난 인생에 대한 깊은 회한에서 나온 한마디가 아니었을까?

장미경

남은 이의 슬픔

이달

흰둥이 누렁이 앞서거니 뒤서거니	白犬前行黃犬隨
들녘 풀 옆에는 무덤들 즐비하다	野田草際塚纍纍
제사 마친 노인 밭둑길 따라	老翁祭罷田間道
저물녘에 아이 부축 받고 취해 돌아오네	日暮醉歸扶小兒

이달李達, 1539?~1610?, 「제총요祭塚謠」, 『손곡시집蓀谷詩集』

이달의 본관은 신평新平, 자는 익지益之이다. 원주原州 손곡蓀谷에 묻혀 살면서 호를 손곡이라고 하였다. 그는 서자였기 때문에 일찍부터 문과에 응시하기를 포기했지만 다른 서얼들처럼 잡과雜科에 응시하여 기술직으로 나가지도 않았다. 특별히 직업을

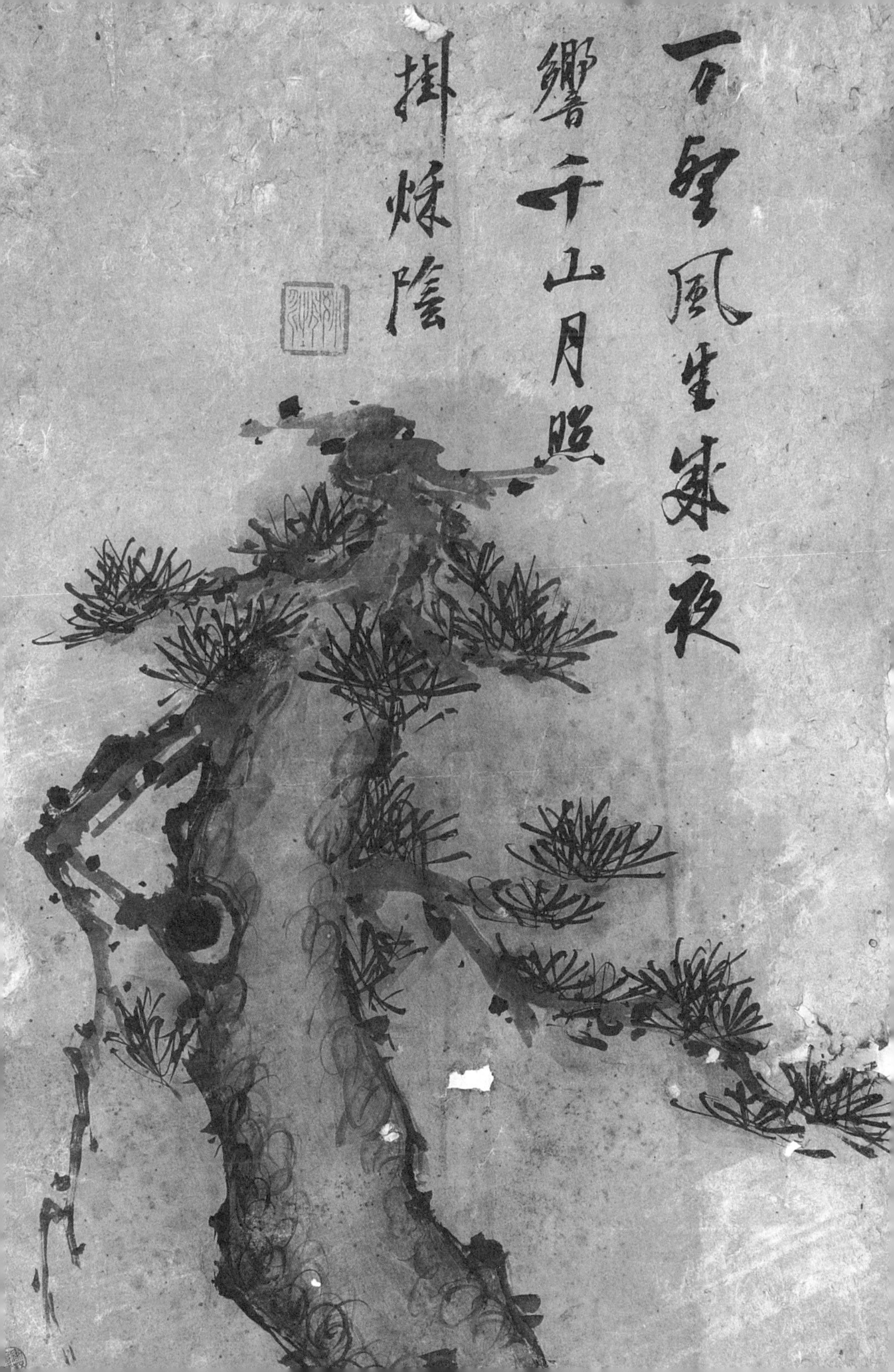
万壑風生寒夜
響千山月照
掛松陰

갖지도 않고 그저 온 나라 안을 떠돌아다니면서 시를 지었다. 이달의 시는 신분 제한에서 생기는 울적한 심정과 가슴속에 간직한 상처를 바탕으로 하면서도, 따뜻한 느낌의 시어를 맛깔나게 사용했다는 평을 받는다. 그는 특히 절구絶句를 잘 지었다.

송시풍宋詩風이 주류를 이루었던 조선 전기 시풍은 임진왜란이 일어난 선조宣祖 연간을 기점으로 인간의 낭만적 감정을 서정적으로 표현하는 당시풍唐詩風으로 바뀌는데, 그 개척자로 평가받는 사람이 이달·최경창崔慶昌·백광훈白光勳이다. 이들은 기교를 드러내거나 아는 것을 자랑하기 위한 수단이나 심성 수양의 한 방편으로서가 아니라 삶의 구체적 체험에서 우러나는 정감을 충실히 표현하기 위한 수단으로 시를 지었고, 이를 통해 문학사적 의의를 확보했다는 평가를 받고 있다. 하지만 한편으로는 만당晩唐 시를 배워 성당盛唐 시에 비해 기력氣力이 모자라고 제재 선택의 범위가 매우 좁으며 모방한 면이 많아 개성이 없다는 평가를 받기도 하였다. 그러나 그 가운데 모방에만 머물지 않고 조선 악부樂府의 독특한 발전 가능성을 연 것으로 평가받는 작품들도 있다. 위의 「제총요」도 그중 하나이다.

겉으로 보았을 때 이 시는 한가로운 전원 풍경을 노래한 것처럼 보인다. 개를 앞세우고 찾아가는 곳이 무덤들이 연이어 있는 곳이긴 하지만 제3구와 제4구를 읽기 전까지는 평범한 풍경이라고 할 수 있다. 그러나 제사라면 온 식구가 함께 무덤을 찾아야 하는데 늙은이와 어린아이뿐이라는 데서 의문이 생긴다. 그리고 곧 무덤의 주인이 아이의 부모이고 부부가 모두 죽었다는 사실을 떠올리게 된다. 그 생각은 다시 즐비한 무덤의 주인들 또한 아이의 부모처럼 젊은 사람일 수도 있을 거라는 추측을 하게 한다. 시대 배경을 생각할 때 이렇게 많은 사람이 한꺼번에 죽게 된 사연은 전쟁 때문임을 유추할 수 있다. 이 시는 결국 전쟁의 참화로 자식을 앞서 보낸 늙은이와 부모 잃은 아이가 제사를 지내고 돌아오는 비참한 상황을 늙은이가 취해 돌아오는 것으로 표현해 내고 있는 것이다. 더구나 해가 져서야 취해 돌아오는 늙은이의 모습은 무덤 앞에서 보낸 시간의 경과를 보여 주고, 그 시간 동안 무덤 앞에서 술을 마신 노인의 심정을 헤아려 보게 한다. 어린 손자 앞에서 소리 내어 울지도 못하고 울음을 삼키며 큰 슬픔을 삭이고 삭이느라 연거푸 술을 마셔 취한 것이리라. 결국 취해 어린 손자의 부축을 받고 돌아오는 모습은 애처로움을 자아낸다.

짧은 시이지만 행간에 담긴 의미가 읽을수록 확장되면서 슬픔을 고조시킨다. 그러면서도 그런 비극적 상황을 풍경 속에 투영시켰을 뿐 시인 자신의 감정은 전혀 드러내지 않는다. 이렇게 전쟁 체험을 바탕으로 한, 현실에 뿌리를 둔 시재詩材를 가지고 자기만의 목소리로 노래한 점이 후대에 긍정적 평가를 받게 된 이유이다.

장미경

그대 먹는 그 얼음 누가 캔 것인가

김창협

섣달에 한강이 처음 꽁꽁 얼어붙자	季冬江漢氷始壯
천 사람 만 사람이 강 위로 나와서는	千人萬人出江上
쩡쩡 도끼 휘두르며 얼음을 깎아 내니	丁丁斧斤亂相斲
은은한 그 소리가 용궁까지 울리누나	隱隱下侵馮夷國
깎아 낸 층층 얼음 흡사 설산과도 같아	斲出層氷似雪山
쌓인 음기 싸늘히 뼛속까지 스며드네	積陰凜凜逼人寒
아침마다 등에 지고 빙고에 저장하고	朝朝背負入凌陰
밤마다 망치 끌을 들고 강에 모이누나	夜夜椎鑿集江心
낮은 짧고 밤은 길어 밤에도 쉬지 않고	晝短夜長夜未休
강 위에서 노동요를 서로 주고받네	勞歌相應在中洲
정강이 가린 짧은 홑옷에 짚신도 없어	短衣至骭足無屝

세찬 강바람에 손가락이 떨어져 나갈 듯하네 江上嚴風欲墮指
유월이라 푹푹 찌는 여름 고당 위에서는 高堂六月盛炎蒸
미인이 고운 손으로 맑은 얼음 전해 주니 美人素手傳淸氷
칼로 내리쳐서 좌중에 고루 나눠 주면 鸞刀擊碎四座徧
햇살 쨍쨍한 공중으로 하얀 눈발 흩날리네 空裏白日流素霰
온 당 안이 더운 줄 모르고 즐거워하지만 滿堂歡樂不知暑
얼음 깨는 수고로움을 그 누가 말해 주랴 誰言鑿氷此勞苦
그대는 못 보았나 더위 먹고 길에서 죽어 가는 백성들 君不見道傍暍死民
그들은 대부분 강에서 얼음 캐던 사람이라네 多是江中鑿氷人

김창협金昌協, 1651~1708, 「얼음 캐는 노래鑿氷行」, 『농암집農巖集』

우리나라에서 얼음을 채취하여 보관하였다가 사용하기 시작한 것은 언제부터일까? 『삼국유사三國遺事』에 신라 유리왕琉璃王 때 얼음을 저장하는 창고를 지었다는 기록이 있는 것으로 보아, 삼국 시대에 이미 시작되었던 듯하다.

고려 시대에는 부귀한 사람들이 개인 창고를 지어 얼음을 저장하였다. 고려 고종高宗 때 권신權臣인 최이崔怡가 사사로이 백성을 동원하여 개인 빙고氷庫에 얼음을 저장하였는데, 여기에 동원되었던 백성들이 괴로워했다는 기록이 『고려사高麗史』에 나온다. 이러한 이유로 조선 시대에는 국가가 얼음을 캐어 저장

관리하고 개인이 사사로이 얼음을 캐어 보관하는 것을 금지하였다.

조선 시대에는 지금의 동호대교 부근인 두모포豆毛浦에 동빙고東氷庫 1동을 설치하여 왕실 제수용 얼음을 공급하였고, 용산龍山 둔지산屯知山 기슭에 서빙고西氷庫 8동을 설치하여 궁중 주방용 얼음을 공급하였는데, 서빙고 얼음의 일부는 신하들에게 나누어 주기도 하였다. 여기에 저장했던 얼음의 수량은 얼마나 되었을까? 조선 시대 궁중의 예식禮式과 정무政務를 기록한 책인 『만기요람萬機要覽』에 따르면, 동빙고에 1만여 정丁, 서빙고에 13만여 정을 보관하였다고 한다.

그러나 해마다 한강이 얼었던 것은 아니어서 한강에서 얼음을 캘 수 없는 경우도 있었다. 정조正祖 2년1778에는 한강에 얼음이 얼지 않아 도성에서 100리나 떨어진 곳에서 얼음을 운반해 와야 했다. 당시에 정조는 얼음을 캐고 운반하는 일이 쉽지 않다는 것을 잘 알고 있었기에, 운반하는 과정 중에 백성들이 당할 고충을 걱정하였다. 그래서 궁중에 공급하는 얼음의 수량을 줄이는 한편, 이 일 때문에 백성을 괴롭히는 일이 없도록 특별히 엄한 하교를 내렸다.

김창협은 이 시에서 조선 시대 얼음을 캐던 백성들의 고충과 지배층과 피지배층의 양극화된 삶을 극명하게 대비하여 보여주고 있다.

양기정

인재의 등용

영조

교화와 정치는 오직 사람에 달려 있나니 德敎政謨惟在人
백성의 고락이 바로 나의 고락이로다 吾民苦樂卽余身
나라를 잘 다스리는 방법을 알고자 하는가 治國欲知何以善
기미를 잘 살펴 어진 신하를 등용해야 하네 幾微深察任賢臣

영조英祖, 1694~1776, 『어제자성편御製自省編』 외편外篇

『어제자성편』은 영조가 스스로를 반성하는 한편, 사도세자思悼世子를 가르칠 목적으로 유교 경전과 역사서에서 수신修身과 위정爲政을 주제로 한 내용을 뽑아 기록하고 자신의 견해를 더하여 1746년영조22에 편찬한 책이다. 영조는 수신의 요체를 마음

을 다스리는 것으로 보고, 위정의 요체를 기미를 살피는 것으로 보았는데, 이를 각각 내편과 외편에 나누어 실었다. 여기서 기미를 살핀다는 것은 선악이 나뉘는 조짐을 살핀다는 것으로, 선한 인재를 가려서 등용하여 국가를 다스리는 바탕으로 삼는다는 뜻이다.

영조는 젊은 시절부터 노론老論과 소론少論의 격렬한 당쟁을 지켜보았고, 왕세제王世弟가 된 뒤로 극렬한 당쟁으로 인해 많은 신하가 화를 당한 신임사화辛壬士禍의 참상을 몸소 겪었다. 이를 통해 어느 당파도 믿을 수 없다는 사실을 뼈저리게 느낀 영조는 왕으로 즉위하여 탕평책을 시행하였다. 당파의 이익이나 사적인 관계를 떠나 개인의 능력과 선악에 따라 인재를 등용함으로써 왕권 강화와 국가 발전을 도모하고자 했던 것이다.

임금이 인재를 등용하는 방법은 어떠해야 하며, 등용되는 인재가 지녀야 할 자세는 어떠해야 하는가? 율곡栗谷 이이李珥는 1568년선조1 부교리副校理를 사직하는 상소에서 다음과 같이 언급한 바 있다.

임금이 신하를 등용할 때에는 반드시 그 사람에 대해 널리 자문해 보고 자세히 살펴보아야 합니다. 신하가 임금을 섬기게 될 때에는 반드시 상황을 깊이 고려하고 자신의 역량을 분명히 파악해야 합니다. 임금은 그 사람에 대해 널리 자문함으로써 측근들에 의해 이목耳目이 가려지지 않을 수 있으며, 자세히 살핌으로

써 여러 사람의 논란에 현혹되지 않을 수 있습니다. 등용되는 신하는 상황을 깊이 고려함으로써 상황 판단을 그르치는 실수를 하지 않을 수 있으며, 자신의 역량을 분명히 파악함으로써 함부로 벼슬자리에 나아가는 잘못을 하지 않을 수 있습니다.

임금은 등용하려는 사람에 대해 국민 모두가 훌륭한 사람이라고 평가한 뒤에, 반드시 훌륭한 점이 있는지를 직접 확인하고서 그를 등용해야 합니다. 널리 자문하고 자세히 살펴보는 것이 바로 이러한 것입니다. 등용되는 신하는 자신의 임금이 훌륭한 업적을 성취할 만하다 하더라도 내가 적임자가 아니라면 우선 물러나서 자신을 수양해야 합니다. 시기를 깊이 고려하고 자신의 역량을 분명히 파악하는 것이 바로 이러한 것입니다.

그러므로 임금은 어진 인재를 찾는 것을 서두르다 작위爵位와 봉록俸祿을 함부로 내주어서는 안 되며, 신하는 스스로의 지조를 지키는 데 뜻을 두고 이익과 명예를 위해 과분한 자리를 받아서도 안 됩니다. 이것이 바로 옛날에 임금은 임금답고 신하는 신하다워서 임금은 잘못 등용하는 실수가 없고 신하는 벼슬자리에서 놀고먹는 경우가 없었던 이유입니다.

공직자의 자질에 대한 논란이 끊이지 않는 요즘, 인재 등용의 중요성과 인재 등용을 잘 하는 방법을 제시한 영조의 시와 율곡의 글은 우리에게 시사하는 바가 적지 않다.

양기정

벼슬하는 자 백성 위에 있지 않네

이용휴

사람과 사람 사이 차등이 없으니	人與人相等
벼슬하는 자라고 어찌 백성 위에 있겠는가	官何居民上
어진 마음으로 명철히 판단해야	爲其仁且明
사람들의 기대에 부응할 수 있는 게지	能副衆所望

이용휴李用休, 1708~1782, 「서하로 부임하는 홍광국을 전송하며送洪光國令公之任西河」, 『탄만집歎歎集』

이용휴가 풍천 부사로 떠나는 홍성洪晟을 전송하며 써 준 시로 전체 5수 가운데 첫 수이다. 『승정원일기』 영조 42년1766 6월 30일 기사에 홍성이 풍천 부사로 떠나며 하직下直하는 기록이

있는 것으로 보아, 이 시는 이 즈음에 지어진 것임을 알 수 있다.

지방관은 왕을 대신하여 백성을 다스리는 중대한 일을 맡은 사람이기 때문에 왕은 이들이 부임하기 전에 만나서 수령으로서 해야 할 일을 묻고 선정善政을 베풀어 줄 것을 당부했다. 『경국대전』 이전吏典 고과조考課條에 보면, 수령칠사守令七事라 하여 지방관이 힘써야 할 일곱 가지 일이 실려 있는데, 왕은 지방관이 하직하는 자리에서 이것이 무엇인지 아느냐고 묻는 경우가 많았다. 수령칠사는 지방관에 대한 인사 고과를 하는 기준이 되기도 했다. 임무를 띠고 길을 떠나는 친구에게 이용휴는 이 시를 지어 주며 백성의 고충을 잘 헤아려 선정을 베푸는 목민관이 되어 달라고 당부한다. 둘째 수에는 이런 내용이 있다.

한 톨의 곡식 백성의 피땀이요	一粒民之血
한 올의 실 백성의 근골이라네	一絲民之筋
이를 항상 마음에 새겨야	於此常存心
임금의 은혜를 저버리지 않게 되리	方不負吾君

셋째 수부터는 선정을 하여 부모님에게 영광이 돌아갈 수 있도록 하고 자신의 몸을 자기만의 것이라 여기지 말라는 내용, 바닷가 백성도 먼저 젓갈을 맛볼 수 있도록 관가의 상차림이 부실하다 하여 화를 내거나 해서는 안 된다는 내용, 역사 속 훌륭한 지방관을 본받으라고 당부하는 내용이 들어 있다.

홍성이 부임하는 서하西河는 황해도 풍천으로 바닷가 고을이다. 그러니 상 위에 해산물이 많이 오를 것을 쉽게 짐작할 수 있다. 요즘 같으면 "그곳에서 해산물이 많이 나니, 맛있는 것을 실컷 먹을 수 있겠구나. 언제 나도 좀 불러다오." 할 것 같은 상황인데, 친구는 맛있는 음식이 밥상에 오르기까지 백성이 애쓴 노고를 떠올리게 하고, 그들이 애쓴 만큼 그들도 맛보고 기뻐할 수 있게 하라고 말한다. 평소 두 사람이 인간의 평등함에 대해, 관리의 책무에 대해 진지하게 나누던 대화가 이별하는 시 속에도 그대로 담긴 것이리라.

하승현

서양놈들의 난동

유인석

태평성대 맞아 오래도록 편안히 지내다가　昇平世久恬嬉存
서양 놈들 침략 소식 강화에서 알려 왔네　報急沁城洋祲昏
도성 백성 달아나서 임금께서 근심하시자　都民鳥散震宸念
선비들 구름처럼 일어나 국은을 갚으려 하네　壯士雲興重國恩
선생께서 처음으로 싸울 계책 올린 뒤로　大老首陳當戰策
피난하자는 논의가 조정에서 사라졌네　在廷從息去邠論
의롭고 출중한 양 장군이 출정하니　仗義出群梁帥去
분명코 하늘이 도우시어 공을 세우겠네　分明天佑樹功勳

유인석柳麟錫, 1842~1915, 「강화에서 일어난 서양 놈들의 난동江華洋亂」, 『의암집毅菴集』

毅菴柳先生遺像

1866년 조선이 프랑스 선교사를 처형한 것을 구실로 로즈Roze 제독이 이끄는 프랑스 함대가 조선을 침략하여 강화도를 점령하였다.

하지만 조선 조정에서는 물리치려는 계책은 세우지 않은 채 피난 가거나 강화講和하자는 소극적인 논의만 계속하였다. 이를 보다 못한 화서華西 이항로李恒老 선생은 75세의 노구老軀를 이끌고 서울로 올라와 상소를 올렸다. 그 상소에서 "전하께서 싸워서 도성을 지키자는 결정을 확고히 내린다면 몸이 성치 않은 나약한 백성들도 용기백배하여 따를 것입니다. 하물며 대대로 높은 벼슬을 지낸 집안의 사람들과 초야에 묻혀 있는 충성스럽고 의로운 사람들이야 어떻겠습니까? 그들 모두 전하를 위하여 죽음을 무릅쓰고 싸우자고 백성들을 고무하고 격려하지 않겠습니까?"라고 하면서 임금이 솔선하여 국가와 운명을 함께할 것을 권하였다. 이 상소를 계기로 조정에서는 항전을 결의하고 이항로의 문인門人인 양헌수梁憲洙 장군을 천총千摠으로 삼아 강화로 출정하게 하였다.

10월 3일에 양헌수 장군은 500여 명의 병사를 이끌고 김포의 덕포진德浦鎭에서 바다를 건너 정족산성鼎足山城으로 잠입한 뒤에 프랑스군의 공격에 대비하여 군사들을 성문마다 매복시켰다. 한편 프랑스군은 처음 점령할 때에 별다른 저항에 부딪치지 않고 손쉽게 강화도를 손에 넣었기 때문에 정족산성의 조선군을 얕잡아보고 중무장도 하지 않고 선불리 공격하였다. 이를 노리고 있던 조선군은 프랑스 군대를 대파하였다. 프랑스군은 전사자 6명을 포함하여 60~70명의 사상자를 내었으나, 조선군의 피해는 전사자 1명, 부상자 4명뿐이었다.

이 시는 화서의 문인인 의암毅菴 유인석이 당시의 상황을 기록한 것이다. 의암은 훗날 명성황후明成皇后가 일본 제국주의에 의해 시해되는 을미사변이 일어나자 의병을 일으켜 유림儒林을 이끌었으며, 일본에 나라를 빼앗길 위기에 처하자 블라디보스토크로 망명하여 항일 독립운동을 펼쳤다. 의암의 항일 운동은 위정척사衛正斥邪와 존왕양이尊王攘夷 사상에서 출발한 것이지만, 이후로 우리 민족의 항일 독립운동의 기반을 닦았다는 점에서 의의가 크다.

2011년 5월에 프랑스에서 우리나라의 고도서 297책을 반환하였다. 병인양요 당시에 프랑스군이 패하여 강화도를 떠나면서 외규장각外奎章閣에 소장되어 있던 도서 342권을 약탈해 갔다. 약탈해 간 서적은 대부분 왕실이나 국가의 주요 행사를 기록한 의궤儀軌였는데, 이 책들은 오랫동안 베르사유의 도서관 별관에 방치되었다가 이후 프랑스 국립중앙도서관으로 옮겨져 보관되었다. 그러다 2011년에 다시 우리나라로 돌아왔다. 145년 만의 귀향이 다행스럽기는 하지만, 온전히 되찾아 온 것이 아니라 임대 형식을 취해 가져온 것이라는 게 참으로 아쉽다.

양기정

안중근 의사의 거사 소식을 듣고

김택영

평안도 장사가 두 눈을 부릅뜨고　　平安壯士目雙張
양 잡듯이 통쾌하게 나라의 원수를 죽였네　　快殺邦讎似殺羊
내 죽기 전에 좋은 소식 듣게 되니　　未死得聞消息好
국화 옆에서 미친 듯 노래하고 춤추네　　狂歌亂舞菊花傍

블라디보스토크항에 송골매가 솟구치고　　海蔘港裏鶻摩空
하얼빈역에서 벽력이 불을 뿜었네　　哈爾濱頭霹火紅
수많은 천하의 영웅호걸들이　　多少六洲豪健客
추풍에 놀라 일시에 수저를 떨어뜨렸네　　一時匙箸落秋風

예로부터 망하지 않은 나라가 어디 있으랴　　從古何嘗國不亡

庚戌二月
於旅順獄中
大韓國人
安重根書

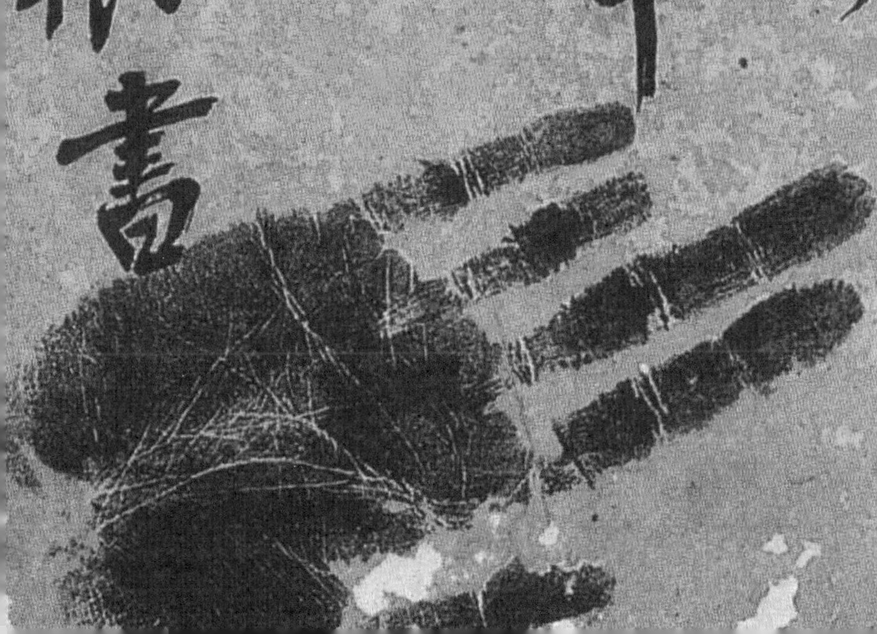

소인배들 언제나 국방을 무너뜨렸지 纖兒一例壞金湯
다만 하늘을 떠받칠 이런 인물을 얻어서 但令得此撑天手
외려 망해 갈 때에도 빛을 발할 수 있었네 却是亡時也有光

김택영金澤榮, 1850~1927, 「의병장 안중근이 나라의 원수를 갚았다는 소식을 듣고 聞義兵將安重根報國讎事」, 『소호당시집 韶濩堂詩集』

김택영의 자는 우림于霖, 호는 창강滄江·소호당韶濩堂이다. 창강은 어려서부터 문장으로 명성을 떨쳐 이건창李建昌, 김윤식金允植 등 당대의 문호들에게 인정을 받았다. 1891년 뒤늦게 과거에 급제하였는데, 1905년 을사조약이 체결되자 고국의 현실에 절망하고 중국으로 망명길을 떠났다. 중국 퉁저우通州에서 짱치앤張謇의 도움을 받아 한묵림서국翰墨林書局에서 일자리를 구해 옌푸嚴復, 투지屠寄 등 중국 명사들과 교류하며 조선의 시문집, 역사서를 간행하면서 생활하였다.

중국에 망명 중이던 1909년 10월, 안중근安重根 의사의 이토 히로부미伊藤博文 저격 사건을 듣고 의분에 북받쳐 위와 같은 시를 지은 것이다. 당시 안중근의 의거는 중국인들에게도 놀라운 사건으로 회자되었는데, 이는 암담한 심정으로 망명 생활 중이던 김택영에게 조국에 대한 자긍심을 심어 준 한줄기 빛과 같은 쾌거였다.

이 시를 보면 첫 수에서는 나라의 원수를 통쾌히 죽였다는 소식을 듣고 감격에 겨운 심정을 유감없이 드러내었고, 둘째 수에서는 블라디보스토크와 하얼빈에서 있었던 안중근의 의거를 당시의 반응과 함께 생생하게 전달하고 있다. 그리고 마지막 수에서는 매국노들로 인해 스러져 가던 나라에 영웅이 나타나 망해 가는 가운데 마지막 빛을 발할 수 있게 해 주었다고 거사의 의의를 높이 평하였다.

김택영은 이후 안중근에 대한 연구를 거듭하여 1916년에는 「안중근전安重根傳」을 짓기도 했다. 이 작품은 지금까지도 명문장으로 일컬어지고 있는데, 여기에는 안중근이 일찍이 평안도에서 교육 활동을 한 사실, 우리 교민들이 많이 거주하던 블라디보스토크에서 군사를 모아 훈련하는 등 독립을 위한 구체적인 애국 활동을 수행해 온 사실을 기록해 하얼빈의 거사가 일시적인 울분에서 나온 것이 아님을 밝혔다.

이 글은 현장의 분위기를 생생하게 전달하고 있어 안중근이 거사를 치르기 위해 하얼빈으로 향하는 마지막 여정을 마치 옆에서 목격한 것처럼 보일 정도이다. 이는 『사기史記』에서 형가荊軻가 진시황秦始皇을 암살하러 떠나는 장면을 연상하게 한다.

안중근이 거사하러 떠나기 전에 불렀다는 비분강개한 「장부가丈夫歌」 역시 형가의 「역수가易水歌」를 떠올리게 한다. 이런 점은 김택영이 안중근을 어떻게 인식하고 있었는지를 잘 보여 주고 있다.

장부가 세상에 처함이여, 丈夫處世兮
뜻을 드높이 쌓아야 하네 蓄志當奇
시대가 영웅을 만듦이여, 時造英雄兮
영웅이 시대를 만들도다 英雄造時
북풍의 차가움이여, 北風其冷兮
내 피는 끓어오르는구나 我血則熱
분개하여 한번 떠남이여, 慷慨一去兮
반드시 도적을 도륙하리라 必屠鼠賊
우리 동포여, 凡我同胞兮
위대한 공적을 잊지 말라 毋忘功業
만세! 만세! 萬歲萬歲兮
대한독립 만세! 大韓獨立

김택영은 「안중근전」의 말미에 다음과 같은 논論을 두어 자신의 의견을 피력하였다.

예로부터 충신 의사는 항상 뜻을 이루지 못한 채 죽고 말았는데 지금 안중근은 그 뜻을 장대하게 달성하고 죽었다. 이 소식을 들은 세상 사람들은 깊은 밤에 혼자 자다가 벽력 소리를 들은 것처럼 놀랐으니, 아아! 천년에 한 번 있을 위대한 공적이라 하지 않을 수 있겠는가? 그가 거사에 성공한 것은 하늘의 뜻이었겠지만, 그가 잡힌 뒤 200여 일 동안 뜻을 굽히지 않고 살아간 것은 그의 의지이다. 이것은 실로 지키기 어려운 것이다.

김택영은 1927년 78세의 나이로 중국 퉁저우에서 병사하였다. 그해 4월, 낭산狼山에 장사 지내었는데 묘비에는 '한국 시인 김창강의 묘韓國詩人金滄江之墓'라고 적혀 있다.

김성애

꽃이 핀들 봄이런가

한용운

지난 겨울엔 눈도 꽃 같더니	昨冬雪如花
이번 봄날엔 꽃도 눈 같구나	今春花如雪
눈이야 꽃이야 모두 참이 아니건만	雪花共非眞
어찌하여 이 마음 찢어지려 하는가	如何心欲裂

한용운韓龍雲, 1879~1944,「벗꽃을 보고 느낀 바가 있어見櫻花有感」,『한용운전집韓龍雲全集』

오등吾等은 자玆에 아조선我朝鮮의 독립국獨立國임과 조선인朝鮮人의 자주민自主民임을 선언宣言하노라.

1910년 일제에 의해 강제로 병합된 조국의 독립을 위하여, 전 세계에 조선이 주권국임을 천명한 독립선언서의 첫 문장이다. 1919년 3월 1일 민족 대표들은 인사동의 태화관에 모였고, 민족 대표 33인의 한 사람으로 그 자리에 참석한 한용운은 독립선언서를 낭독하였다. 이 일로 인해 투옥되어 3년의 옥고를 치른다. 위 시는 그가 빼앗긴 조국의 옥중에서 지은 작품이다.

'지난 겨울'은 그가 자유의 몸이었을 때이고, '이번 봄'은 구속되어 자유를 박탈당한 때를 말한다. 그리고 '눈'은 추운 겨울과 억압을 상징하고 '꽃'은 따뜻한 봄과 자유를 상징한다. 자유의 몸일 때에는 겨울의 눈도 꽃처럼 포근하게 느껴지더니, 구속되고 나서는 봄의 꽃도 겨울눈처럼 차갑게만 느껴진다. 일반적으로 겨울은 암흑을 상징하고 봄은 희망을 상징하지만, 시인이 느끼기에 자유가 없는 봄은 진정한 봄이 될 수 없고 따라서 꽃이 피는 것도 마음을 환하게 밝히지 못한다. 3구와 4구에서는 승려로서 한용운이 느낀 고뇌를 엿볼 수 있다. 불교에서는 눈에 보이는 이 세계가 모두 허상이라고 하지만 불행한 역사 현실 앞에서 마음이 찢어지는 듯 아픈 것 또한 분명한 사실이다. 이것이 어찌 한 개인이 옥에 갇혀 느낀 감정에 그치겠는가? 같은 시대 온 민족이 함께 느끼던 암울한 심정이었을 것이다. 조국의 현실을 외면할 수 없었던 그는 끝까지 절의를 지키며 독립 운동을 펼치는데, 「남아男兒」라는 시조 속에 그가 가야 할 길에 대한 생각이 잘 담겨 있다.

사나이 되었으니 무슨 일을 하여 볼까
밭을 팔아 책을 살까 책을 팔아 칼을 갈까
아마도 칼 차고 글 읽는 것이 대장부인가 하노라

조선총독부를 등지고 있도록 북향으로 지은 집 심우장尋牛莊에서 만년을 보냈던 만해는 안타깝게도 광복 한 해 전인 1944년 생을 마감한다.

우리는 그토록 바라던 광복을 맞았고, 이제 해마다 이날을 기념하는 광복절 행사를 치른다. 헤아릴 수 없는 많은 아픔과 희생과 노력으로 맞이하게 된 이날의 의미를 잊어서는 안 될 것이다. 그리고 해방된 이날과 함께 국권을 빼앗긴 국치일國恥日도 우리는 잊지 말아야 한다. 환희의 역사에 가려 정작 되새겨야 할 아픔을 잊어서는 안 된다. 아물래야 아물 수 없는 상처를 안고 진정한 봄을 맞지 못한 분들이 우리 곁에 아직도 많으니.

이정원

도판 자료 제공처

만남

담박함을 즐기다 이한철李漢喆, 강호한거江湖閑居, 간송미술관

세상인심을 노래하다 김희겸金喜謙, 산정일장山靜日長, 간송미술관

어머니 뵈러 가는 벗을 보내며 신한평申漢枰, 자모육아慈母育兒, 간송미술관

가을밤 당신을 그리며 신윤복申潤福, 미인도美人圖, 간송미술관

그대 그리워 빗소리도 차마 못 듣겠네 정선鄭敾, 소상야우瀟湘夜雨, 간송미술관

낡은 물건은 나의 벗이 되어 이명은李命殷, 천한동설天寒凍雪, 한국데이터베이스진흥원

이제야 부모의 심정을 알겠네 김홍도金弘道, 풍속화첩風俗畵帖 노상파안路上破顔, 국립중앙박물관

타향에서 가족을 그리워하며 김득신金得臣, 산수도山水圖, 서울대학교 박물관

부부가 함께하는 중양절 술자리 평생도平生圖 회혼례回婚禮, 한국데이터베이스진흥원

달밤에 찾아온 벗 김홍도金弘道, 월하고문月下敲門, 간송미술관

주인의 목숨을 구한 개 김홍도金弘道, 모구양자도母狗養子圖, 간송미술관

쉽지 않은 세상살이 허목許穆 초상肖像, 국립중앙박물관

이별離別

스승의 빈자리 심사정沈師正, 송하문월松下問月, 한국데이터베이스진흥원

먹고 사는 일이 내겐 정말이지 골칫거리 김득신金得臣, 야장단련冶場鍛鍊, 간송미술관

먼저 떠난 아이를 그리워하며 노수현盧壽鉉, 송하관월도松下觀月圖, 고려대학교 박물관

은거하러 떠나는 친구를 보내며 김홍도金弘道, 노년간화老年看花, 간송미술관

술잔 들어 봄을 보내며 화조도花鳥圖, 서울대학교 박물관

생의 마지막 봄을 맞으며 조희룡趙熙龍, 백매화도白梅花圖, 고려대학교 박물관

님을 보내며 경교명승첩京郊名勝帖 녹운탄綠雲灘, 간송미술관

혼자 웃는 이유 정약용丁若鏞 초상肖像, 한국데이터베이스진흥원

꿈속에서나마 너의 모습을 정선鄭敾, 겸현신품첩謙玄神品帖 관월도觀月圖, 서울대학교 박물관

아이의 죽음을 슬퍼하며 화훼도花卉圖, 인천광역시립박물관

떠나간 아내를 그리며 윤덕희尹德熙, 독서하는 여인, 서울대학교 박물관

쉴 때는 쉬어야 위기도圍碁圖, 국립중앙박물관

소, 반복되는 슬픔 전노가傳老柯, 목동牧童, 국립중앙박물관

수신修身

비루하게 살지 않기를 허전許傳 초상肖像, 문화재청

시어머니 가르침 따라 평생도平生圖 혼인식婚姻式, 한국데이터베이스진흥원

초심을 지킨다면 정선鄭敾, 설평기려雪坪騎驢, 간송미술관

존재에 대하여 강세황姜世晃, 송도기행첩松都紀行帖 화담花潭, 국립중앙박물관

만족하는 마음으로 인생을 관조하며 김정희金正喜, 고사소요高士逍遙, 간송미술관

기러기를 놓아주며 기러기, 한국데이터베이스진흥원

밤에 앉아 시인은 상념에 잠기고 전기田琦, 매화초옥도梅花草屋圖, 국립중앙박물관

깊은 밤 등불 아래 책을 읽자니 지운영池雲英, 추원독서秋院讀書, 간송미술관

상황에 맞게 대처해야 윤두서尹斗緖, 십이성현화상十二聖賢畵像, 국립광주박물관

생일을 자축하며 평생도平生圖 초도호연初度弧筵, 한국데이터베이스진흥원

구태여 설산雪山에서 고행할 것 뭐 있겠나 유운홍劉運弘, 부신독서도負薪讀書圖, 서울대학교 박물관

마음을 쉬는 것이 약보다 낫네 김홍도金弘道, 산수일품첩山水逸品帖 임류소시臨流嘯詩, 간송미술관

물고기 뛰어오르고 솔개는 날아오르고 김홍도金弘道, 묘길상妙吉祥, 간송미술관

물에 비친 달 김홍도金弘道, 소림명월도疏林明月圖, 리움미술관

섣달 그믐날 밤 느낌이 일어 조현명趙顯命 초상肖像, 국립중앙박물관

위정爲政

황금 상자 속의 거울 이기룡李起龍, 남지기로회도南池耆老會圖, 서울대학교 박물관

역사의 현장에서 이한철李漢喆, 정몽주鄭夢周 초상肖像, 국립중앙박물관

둥지 잃은 참새 정운면鄭雲勉, 참새와 매죽, 국립순천대학교 박물관

칼 짚고 성에 올라 이정李楨, 산수도山水圖, 국립중앙박물관

남은 이의 슬픔 김홍주金洪柱, 소나무, 국립순천대학교 박물관

그대 먹는 그 얼음 누가 캔 것인가 설경산수도雪景山水圖, 한국데이터베이스진흥원

인재의 등용 평생도平生圖 삼일유가三日遊街, 한국데이터베이스진흥원

벼슬하는 자 백성 위에 있지 않네 평생도平生圖 관찰사부임觀察使赴任, 한국데이터베이스진흥원

서양놈들의 난동 유인석柳麟錫 초상肖像, 한국데이터베이스진흥원

안중근 의사의 거사 소식을 듣고 안중근安重根, 독립獨立, 한국데이터베이스진흥원

꽃이 핀들 봄이런가 김홍도金弘道, 백매白梅, 간송미술관

* 소장하고 계신 귀한 자료를 제공해 주신 여러 기관에 깊은 감사를 드립니다.

저자 소개

권경열

대학에서 경제학을 전공하였으며, 한문학 박사과정을 수료하였습니다. 한국고전번역원 고전번역교육원에서 한문을 공부하고, 성균관대학교 존경각에서 고서 담당 사서로 근무하였습니다. 현재 한국고전번역원 선임연구원으로 재직하고 있습니다. 『오음유고』, 『갈암집』, 『국조상례보편』, 『가례향의』, 『승정원일기』, 『생각, 세 번』, 『고사로 풀이한 채근담』 등의 번역과 집필에 참여하였습니다.

김성애

대학에서 중국사를 전공하였으며, 고전번역협동과정 박사과정을 수료하였습니다. 한국고전번역원 고전번역교육원에서 한문을 공부하고, 한국고전번역원 수석연구위원으로 재직하고 있습니다. 한국문집총간의 해제 및 색인 작업과 『성호전집』, 『대산집』 등의 번역에 참여하였습니다.

변구일

대학에서 국어국문학을 전공하였으며, 한문학 전공으로 석사 학위를 취득하였습니다. 한국고전번역원 고전번역교육원에서 한문을 공부하고, 한국고전번역원 연구원으로 재직하고 있습니다. 『창계집』, 『일성록』, 『동천유고』, 『당송팔대가문초-구양수』 등의 번역에 참여하였습니다.

양기정

대학에서 한문학을 전공하였으며, 문헌정보학 박사과정을 수료하였습니다. 한국고전번역원 고전번역교육원에서 한문을 공부하고, 한국고전번역원 책임연구원으로 재직하고 있습니다. 『명재유고』, 『성호전집』, 『승정원일기』, 『생각, 세 번』 등의 번역과 집필에 참여하였습니다.

이정원

대학에서 한문학을 전공하였으며, 고전번역협동과정 박사과정을 수료하였습니다. 한국고전번역원 고전번역교육원에서 한문을 공부하고, 한국고전번역원 책임연구원으로 재직하고 있습니다.『승정원일기』,『우담전집』,『명재유고』,『대산집』,『설수외사』,『생각, 세 번』 등의 번역과 집필에 참여하였습니다.

장미경

대학에서 국어국문학을 전공하였으며, 한문학 전공으로 박사 학위를 취득하였습니다. 사단법인 유도회와 한국고전번역원 고전번역교육원에서 한문을 공부하고, 한국고전번역원 선임연구원으로 재직하고 있습니다.『승정원일기』 번역에 참여하였습니다.

하승현

대학에서 국어국문학을 전공하였습니다. 성균관 한림원과 한국고전번역원 고전번역교육원에서 한문을 공부하고, 한국고전번역원 선임연구원으로 재직하고 있습니다.『승정원일기』,『후설』,『생각, 세 번』,『눈 셋 달린 개』,『잠, 마음에 놓는 침』,『화담집교주』,『사필, 사론으로 본 조선왕조실록』 등의 번역과 집필에 참여하였습니다.

감수자 소개

정동화

대학에서 국문학을 전공하였으며, 한문학으로 박사과정을 수료하였습니다. 한국고전번역원 고전번역교육원에서 한문을 공부하고, 한국고전번역원 책임연구원으로 재직하고 있습니다.『죽석관유집』,『창계집』,『일성록』 등의 번역에 참여하였습니다.

情, 사람을 노래하다

한시 감상

한국고전번역원 엮음
권경열, 김성애, 변구일, 양기정, 이정원, 장미경, 하승현 집필
정동화 감수

2016년 8월 31일 초판 1쇄 발행

발행 한국고전번역원 등록 2008. 3. 12. 제300-2008-22호
주소 03000 서울특별시 종로구 비봉길 1
전화 02-6263-0201 팩스 02-394-8803 홈페이지 www.itkc.or.kr

발행인 이명학
기획·편집 한국고전번역원 콘텐츠기획실
책임편집 하승현 편집진행 배민정, 변구일, 최두헌
디자인 은희주 인쇄 (주)케이에스 센세이션

값 10,000원
ISBN 978-89-284-0415-5 03810

* 이 책은 교육부로부터 인문학 진흥을 위한 저서출판지원을 받아 출간하였습니다.